Honoré Daumier

LOYS DELTEIL

LE PEINTRE-GRAVEUR ILLUSTRÉ

(XIXe ET XXe SIÈCLES)

TOME VINGT-NEUVIÈME

HONORÉ DAUMIER

(X)

PARIS

Chez l'Auteur, 2, rue des Beaux-Arts

1926

EPILOGUE

(9 novembre 1929)

Aujourd'hui même où, pour commémorer ce deuxième anniversaire, des amis fidèles se sont réunis, de corps ou de pensée, autour de la tombe de Loys Delteil, la dernière feuille de son *Daumier* sort de la presse. C'est une tristesse que l'auteur n'ait pas eu cette récompense de voir son œuvre ainsi offerte au public telle qu'il l'avait édifiée. Mais c'est aussi un réconfort que ces derniers fruits de son labeur écrasant aient été pieusement recueillis et que le bon ouvrier soit désormais assuré de se survivre tout entier.

Il n'y a rien à retoucher au portrait si juste et si vivant que notre ami Charles Saunier a tracé de Loys Delteil en tête du tome VII du présent ouvrage. Ce que nous voudrions souligner seulement aujourd'hui, dans cette existence et dans cette œuvre, c'est leur étonnante unité, qui se poursuit jusqu'au-delà de la tombe.

L'aboutissement et la conclusion de ses travaux, on les trouverait dans les deux volumes du *Manuel de l'Amateur d'Estampes des XIXe et XXe siècles*, qu'il nous donna en 1926, pour faire suite à son *Manuel de l'Amateur d'Estampes du XVIIIe siècle*. Mais il faut voir quels riches et solides matériaux il avait accumulés avant d'entreprendre cette synthèse.

Rien n'est moins livresque que son savoir. Bien avant que d'écrire, il a manifesté le besoin de manier la pointe du graveur ou le crayon du lithographe et il a acquis par là une connaissance intime de l'œuvre graphique qu'aucune autre discipline ne saurait remplacer.

Ainsi préparé à comprendre l'estampe moderne, ce n'est point de seconde main ou au cours d'une exploration rapide qu'il étudie son domaine d'élection, mais à la faveur d'une fréquentation journalière de plus de quarante années, et ceci dans les conditions les plus capables d'exercer son discernement. Certes nous aimons à nous souvenir qu'il fut dès l'enfance un familier de notre Cabinet des Estampes. Mais ce que l'on s'efforce d'offrir aux visiteurs dans un musée, ce sont des œuvres déjà identifiées, classées et cataloguées. Après cette initiation nécessaire, mais presque trop aisée, ce qui forme vraiment un connaisseur, c'est de prendre à son tour ses responsabilités devant un portefeuille qui se présente sans références et sans garanties. Celui qui a rédigé près de cinq cents catalogues de collections ou d'expositions avait acquis plus que quiconque le droit de parler de gravure.

Aussi sa signature était-elle recherchée par la plupart des périodiques spécialisés : *La Curiosité universelle* (1889-1893), *L'Artiste* (1891-1897), *L'Estampe* (1893-1895), *Le Moniteur des Arts* (1897), *L'Estampe et l'Affiche* (1897-1899), la *Revue de l'Art ancien et moderne* (1899), le *Bulletin du Bibliophile* (1902), *Le Journal des Arts* (1904), *Byblis* (1922-1925), *The Print Connoisseur* (1923), *Le Livre et l'Estampe* (1923), *L'Amateur d'Estampes* (1923-1925)...

Nous avons bénéficié ainsi, au jour le jour, de causeries sur des questions techniques ou professionnelles, en même temps que de notes substantielles sur Raffet et Eugène Isabey, sur Boilvin et sur Bracquemond, sur Eugène Bléry et sur Gaillard, sur Français et sur Ciceri, sur Théophile Chauvel, Paul Renouard, Camille Boutry, Fantin-Latour, Tony Beltrand, Béjot, Dauchez, Huard, Jacques Beurdeley..., et cette énumération n'aurait pas de fin si l'on dépouillait aussi sa rubrique « les Disparus », où figurent tant de modestes artisans, sauvés, grâce à lui, de l'oubli.

Dans notre précédente liste de périodiques, une omission au moins n'est pas involontaire. Il nous a semblé en effet qu'une place à part devait être réservée à *L'Estampe moderne, Moniteur mensuel des Amateurs et des Artistes*, qui fit son apparition en novembre 1895. Chaque fascicule comportait quatre pages de texte et six planches originales. Le directeur-gérant était Loys Delteil; le domicile (81, boulevard du Montparnasse, puis 110, rue Saint-Jacques) était celui de Loys Delteil ; le plus assidu collaborateur, comme écrivain, comme graveur et comme lithographe, était Loys Delteil ; on devine que l'Administration était Loys Delteil et aussi, hélas, l'Assemblée des actionnaires.

Il nous semble aujourd'hui qu'un cahier de six planches originales signées par Fantin, Dauchez, Béjot, Boilvin, Steinlen ou Jacques Blanche était un assez beau cadeau à offrir aux amateurs : (5 francs, le fascicule de six planches sur hollande! 20 francs, l'édition sur japon limitée à 25 exemplaires!) Pourtant après le cinquième numéro, Delteil dut convenir que les temps n'étaient pas encore révolus et qu'il s'était trop hâté de se mettre dans ses meubles.

Seulement comme il n'était pas homme à lâcher une idée, ce ne fut que partie remise, et dès qu'il se sentit les reins assez solides pour triompher de tous les obstacles, il s'offrit enfin la joie longtemps convoitée d'être maître chez lui, c'est-à-dire d'être à la fois l'auteur, le directeur et l'éditeur de ses ouvrages.

***

C'est en cette triple qualité qu'il nous a donné, depuis 1906, avec une régularité étonnante ce qui restera assurément comme son œuvre capitale : les trente volumes du *Peintre-graveur illustré* (XIXe *et* XXe *siècles*).

La présentation fut, du premier jour, ce qu'elle est aujourd'hui, et la formule en était si heureuse, si judicieusement mise au point qu'elle est devenue classique. Le *Peintre-graveur illustré* est, depuis vingt ans, le type même du catalogue d'œuvre gravé, et c'est, me semble-t-il, un des plus beaux hommages qu'on puisse lui rendre.

Les titres attestent l'évolution du goût de l'auteur, en même temps que sa liberté d'action enfin conquise. Ce n'est pas seulement la gravure originale qui a pris définitivement le pas sur l'estampe de reproduction : parmi les peintres-graveurs, il va non pas vers les virtuoses et les purs techniciens, mais vers les véritables artistes, et, pour tout dire, vers les maîtres.

Les premiers romantiques et les hommes de 1830 sont représentés par Géricault, Ingres et Delacroix, Paul Huet, Corot, Millet, Rousseau et Dupré, Daubigny, Rude et Barye. Les temps impressionnistes par Degas, Pissarro, Sisley, Renoir, Raffaëlli, Carpeaux. Plus près de nous, ce sont Rodin, Carrière, Lautrec, Leheutre, Frélaut. A l'étranger, Goya, Jongkind, Zorn, Leys, Braekeleer, Ensor.

Celui qui dominait, pour l'auteur, cette glorieuse phalange, c'est Meryon, à qui il avait consacré le tome II de sa série, en 1907, et pour qui il devait redire sa légitime prédilection dans une nouvelle monographie publiée vingt ans plus tard par les éditions Rieder.

Dans le cœur de Delteil, le grand aquafortiste n'avait qu'un rival. On se doute qu'il s'agit de Daumier.

Daumier n'est pas seulement le plus puissant des comiques et le plus vigoureux des pamphlétaires. On ne trouve pas seulement, dans son œuvre, quarante ans de l'histoire politique et quarante ans de l'histoire des mœurs, mais aussi la source où se sont abreuvés tout l'art et toute la littérature réalistes. Ayant élevé d'instinct sa technique au niveau de son inspiration, il a prodigué, en se jouant, des lithographies éblouissantes qui éclipsent celles des plus habiles professionnels. Delteil savait tout cela et il savait aussi que cet artiste de génie avait pas à pas émancipé le dessin moderne avec une audace, une liberté, une sûreté inconcevables.

C'est à lui qu'il avait consacré, en 1904, son premier grand catalogue, sous le patronage du collectionneur N. A. Hazard. L'œuvre était si considérable que personne que lui n'eût songé à la refaire.

Mais, depuis lors, tant d'épreuves rarissimes avaient passé entre ses mains! Si complet que fût son premier recensement, il avait recueilli, sans parler d'un nombre appréciable de pièces ignorées ou oubliées, tant de renseignements sur les états successifs des planches! Et surtout, il avait constaté combien le plan chronologique de ses nouveaux ouvrages était plus significatif que l'ordre alphabétique autrefois en honneur; il sentait combien la succession des planches dans l'ordre même des années était plus expressive pour un artiste dont l'évolution domine l'histoire esthétique et l'histoire tout court de notre siècle. Il avait enfin si bien fait lui-même la preuve qu'un catalogue sans reproductions est à peine un catalogue. Il voulait donc que ce « géant », comme il l'a défini d'un mot, eut un monument digne de lui.

Et l'on eut beau s'alarmer devant cette aventure effroyable : dix volumes, quatre mille notices, quatre mille photographies, quatre mille clichés..., Loys Delteil plus souriant, plus malicieux, plus alerte que jamais, ouvrit à Daumier le *Peintre-graveur illustré*.

* * *

Les quatre premiers volumes parurent à partir de 1925 avec une telle ponctualité que les plus inquiets jugèrent dès ce moment la partie gagnée.

On sait comment le sort vint accabler alors l'intrépide lutteur et sembla tout remettre en question. Mais, avant de succomber à la tâche, il avait du moins achevé son immense travail, mis le point final à son manuscrit et donné le bon à tirer du huitième volume.

Animées par ce magnifique exemple, des volontés affectueuses se sont liguées pour mener la publication à bonne fin. C'est un agréable devoir pour moi d'exprimer notre sincère gratitude à M. Maurice Le Garrec, qui, en bon confrère et en bon camarade, a assumé la délicate responsabilité de donner à l'impression le texte de l'auteur, de corriger les épreuves et de faire établir les derniers clichés; à MM. Montassier et Odend'hal, qui n'ont pas été simplement des imprimeurs impeccables, mais les plus dévoués et les plus sûrs des collaborateurs. Et surtout, notre reconnaissance va à celle qui fut l'animatrice de ces derniers travaux, à la compagne vigilante qui a hérité de Loys Delteil cette volonté invincible d'aller jusqu'au bout, malgré tous les obstacles, et qui a mis son point d'honneur à ce que tous les engagements pris fussent tenus, sans aucune défaillance, comme s'il avait été là.

Madame Loys Delteil a fait plus. Elle a estimé qu'un ouvrage aussi considérable comportait une table plus étendue que celle des précédents catalogues. Rédigée par Mme Chapron avec une méthode et une clarté remarquables, cette table ne comprendra pas seulement l'index alphabétique de toutes les légendes, de tous les titres de séries et de périodiques. On y a incorporé également le nom de tous les personnages, réels ou légendaires, que Daumier a cités ou représentés, et on les a fait suivre de la courte notice nécessaire à leur identification. Par là seulement les mieux informés découvriront dans l'œuvre de Daumier des richesses iconographiques insoupçonnées. Déjà sous presse, cette table formera un volume séparé, qui sera le complément indispensable du Catalogue.

Mais je trahirais ceux qui ont exécuté les volontés suprêmes de l'auteur si j'insistais davantage sur ce qui fut leur tâche pendant sa cruelle maladie et depuis sa disparition. Ils ont mis précisément leur application et leur fierté à effacer leur personnalité et à donner au public le dernier ouvrage de Loys Delteil, celui qui couronne magnifiquement son œuvre, dans toute son intégrité et exactement tel qu'il l'avait voulu.

Grâce à ces dévouements pieux, Daumier a enfin son monument, et, selon toute justice, le nom de Loys Delteil y restera solidement attaché.

JEAN LARAN,
Bibliothécaire au Cabinet des Estampes.

3686. — VUE PRISE DE LA PREMIÈRE SEMAINE DE JANVIER

(H. 242 millim. : L. 224)

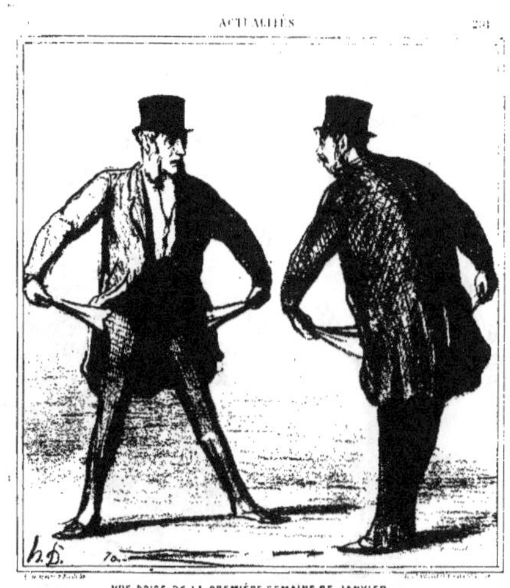

(1869). — 2e *Etat*. (Cat. H. D. 3815).

1er Etat. Avant la lettre. Fort rare.

2e — Avec la lettre. L'Etat reproduit. Etat publié dans le Charivari (n° du 9 janvier 1869).

3687. — PAS RASSURÉS LES ÉCUS !

(H. 243 millim ; L. 224)

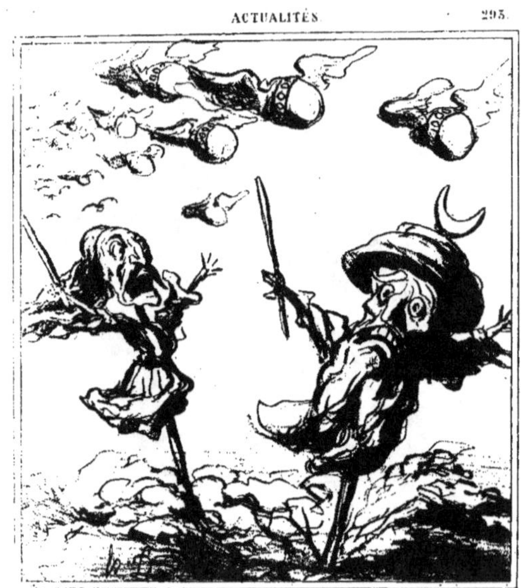

Pas rassurés les écus !...

(1869) — 2e *Etat.* (Cat. H. D. 3370 — 2 états décrits).

1er **Etat.** Avant la lettre. Fort rare.

2e — Avec la lettre. **L'Etat reproduit.** Etat publié dans le **Charivari** (n° du 11 janvier 1869).

3688. — JE VOUS EN PRIE, RENTREZ DANS VOTRE BOITE...

(H. 240 millim.; L. 216)

ACTUALITÉS. 290

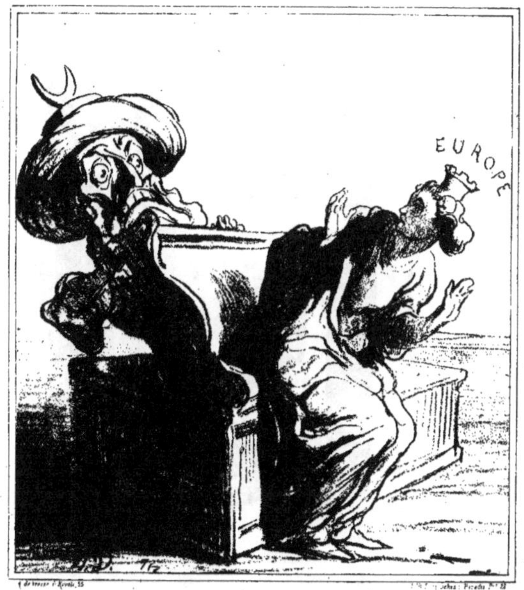

Je vous en prie, rentrez dans votre boite, vous allez compromettre mon équilibre.

(1869). — 2ᵉ *Etat.* (Cat. H. D. 3369 — 2 états décrits).

1ᵉʳ Etat. Avant la lettre. Fort rare.

2ᵉ — Avec la lettre. L'Etat reproduit. Etat publié dans le Charivari (nº du 13 janvier 1869).

3689. — ÇA POUSSE... FORT L'OPINION PUBLIQUE

(H. 239 millim.; L. 205)

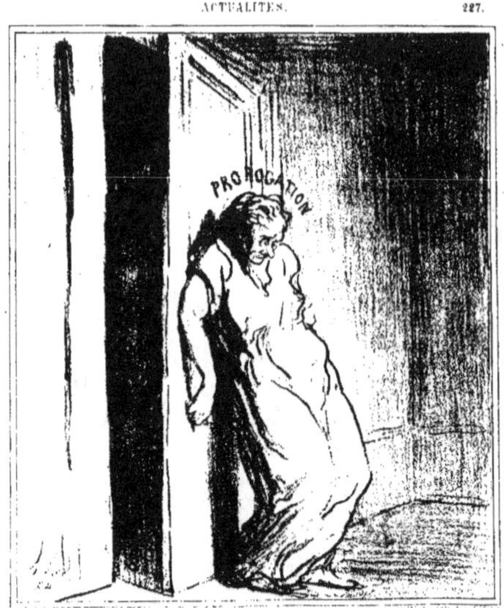

— Ça pousse tout de même fort l'Opinion publique!

(1869). — 2e *État.* (Cat. H. D. 3328).

1er État. Avant la lettre. Fort rare.

2e » Avec la lettre. L'État reproduit État publié dans le Charivari (no du 16 janvier 1869).

3690. — ENFIN ! ON VA DONC... S'OCCUPER DE NOUS !

(H. 241 millim.; L. 210)

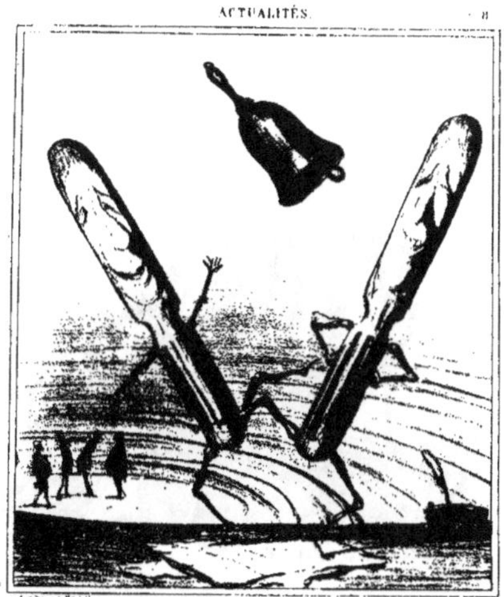

(1869). — 2e *Etat*. (Cat. H. D. 3109 2 états décrits).

1er Etat. Avant la lettre. Fort rare.

2e — Avec la lettre. **L'Etat reproduit.** Etat publié dans le **Charivari** (n° du 25 janvier 1869).

3691. — PAUVRE VIEUX

(H. 240 millim.; L. 205)

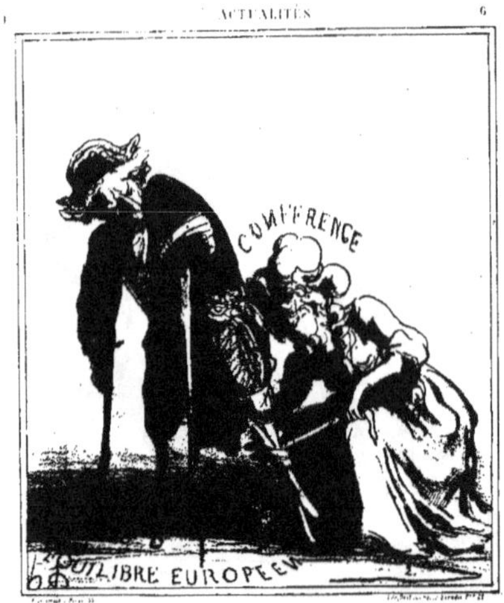

— Pauvre vieux.

(1869) — 2° *Etat.* (Cat. H. D. 3107 — 2 états décrits).

1er Etat. Avant la lettre. Fort rare.

2° — Avec la lettre, mais avant le point d'exclamation. Très rare. L'Etat reproduit.

3° — Avec la modification. On lit : *Pauvre vieux!* Etat publié dans le **Charivari** (n° du 26 janvier 1869).

3692. — LA PÊCHE A LA COURONNE

(H. 250 millim. : L. 226)

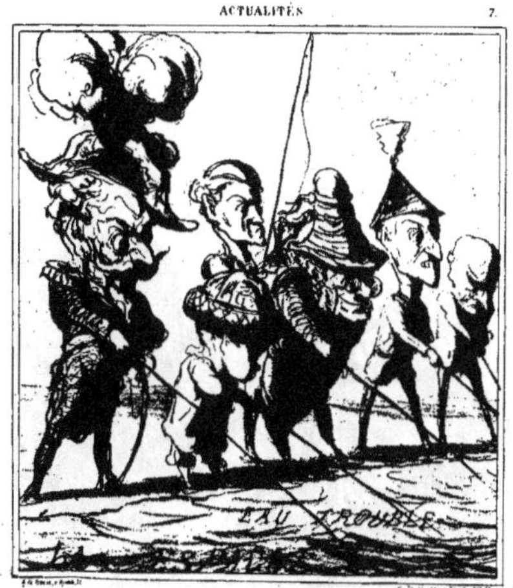

(1869). — 2e *Etat* (Cat. H. D. 3108).

1er Etat. Avant la lettre. Fort rare.

2e — Avec la lettre. L'Etat reproduit. Etat publié dans le Charivari (n° du 1er février 1869).

3693. — DIFFICILE A REMETTRE A NEUF

(H. 255 millim.; L. 205)

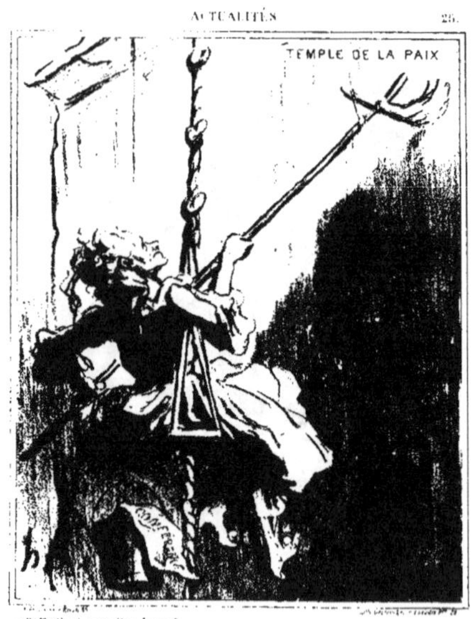

— Difficile à remettre à neuf.

(1869). — 2e *État.* (Cat. H. D. 3125 — 2 états décrits).

1er État. Avant la lettre. Fort rare.

2e Avec la lettre. L'État reproduit. État publié dans le Charivari (nº du 22 février 1869).

3694. — COMME SISYPHE

(H. 252 millim.; L. 208)

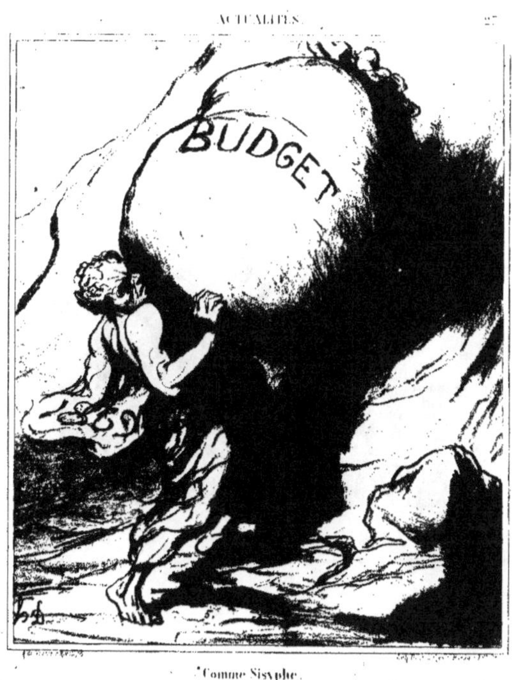

Comme Sisyphe.

(1869). — 2e *Etat.* (Cat. H. D. 3128 — 2 états décrits)

1er Etat. **Avant la lettre.** Fort rare.

2e — Avec la lettre. L'État reproduit. État publié dans le Charivari (n° du 25 février 1869).

3695 — SI JE N'ALLAIS PAS ÊTRE RÉÉLU !

(H. 233 millim. : L. 206)

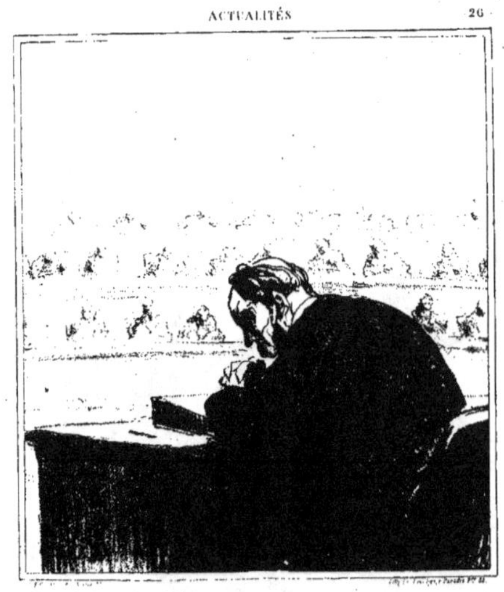

— Si je n'allais pas être réélu !

(1869) — 2e *Etat.* (Cat. H. D. 3127).

1er Etat. Avant la lettre. Fort rare.

2e — Avec la lettre. **L'Etat reproduit. Etat** publié dans le **Charivari** (no du 3 mars 1869).

Cette lithographie a été reproduite dans : **Honoré Daumier, Lithographien,** par *E. Fuchs* ; cette reproduction porte au B. à D., les lettres : A. L. M.

3696. — J'AI BEAU LAVER, L'ANCIENNE COULEUR...

(H. 245 millim.; L. 205)

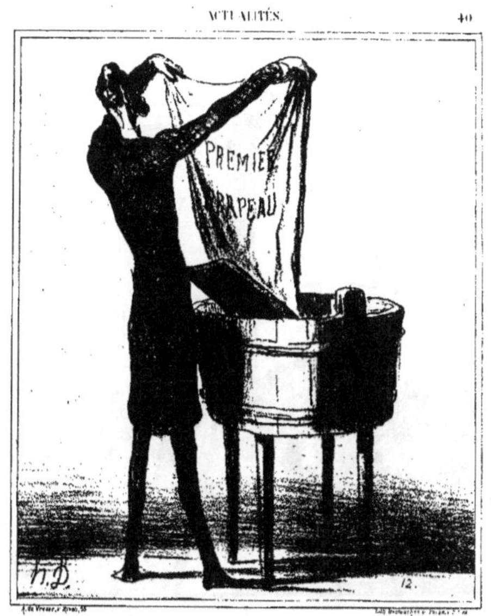

(1869). — 2ᵉ *Etat.* (Cat. H. D. 3141 — 2 états décrits).

1ᵉʳ **Etat.** Avant la lettre. Fort rare.

2ᵉ — Avec la lettre. **L'Etat reproduit.** Etat publié dans le Charivari (nᵒ du 8 mars 1869).

3697. — ÉLECTEURS, DANS MES BRAS !... (Emile Ollivier).

(H. 242 millim. ; L. 215)

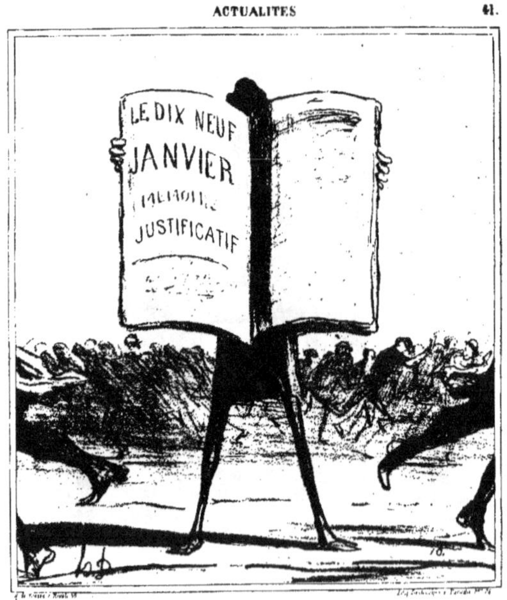

Electeurs, dans mes bras !.....

(1869). — 2ᵉ *Etat.* (Cat. H. D. 3143 — 2 états décrits)

1ᵉʳ Etat. Avant la lettre. Fort rare.

2ᵉ — Avec la lettre. **L'Etat reproduit.** Etat publié dans le **Charivari** (nᵒ du 10 mars 1869).

3698 — MARS SANS CARÊME

(H. 241 millim.; L. 207)

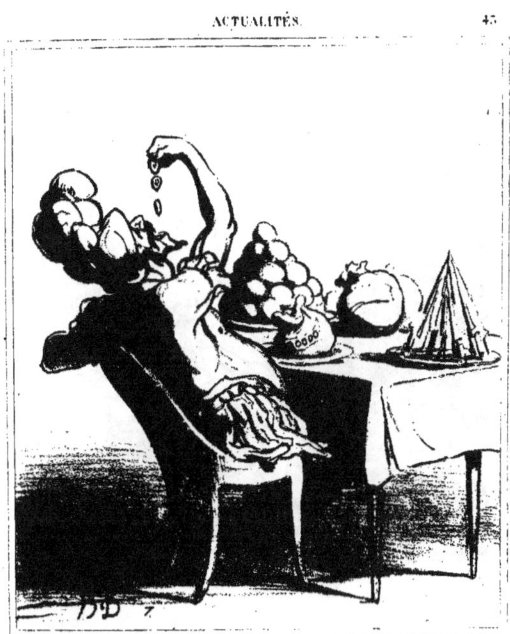

(1869) — 2e *Etat*. (Cat. H D. 3148 — 2 états décrits).

1er Etat. Avant la lettre. Fort rare.

2e — Avec la lettre. L'Etat reproduit. Etat publié dans le Charivari (n° du 12 mars 1869).

3699. — DE CHARYBDE EN SCYLLA

(H. 239 millim. ; L. 217)

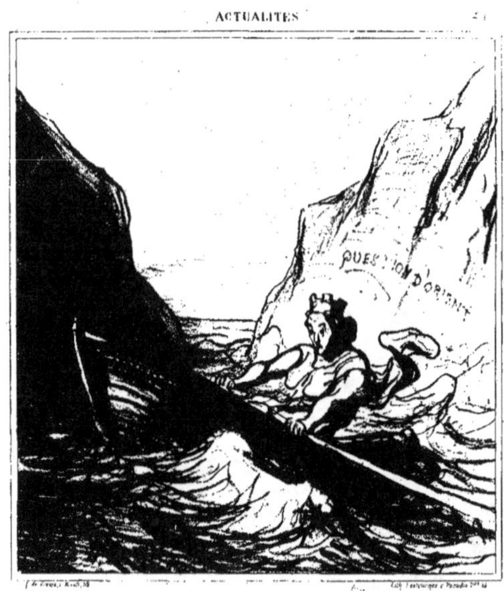

(1869). — 2ᵉ *Etat*. (Cat. H. D. 3149 — 2 états décrits).

1ᵉʳ Etat. **Avant la lettre. Fort rare.**

2ᵉ — Avec la lettre, mais on lit : CHARYBDE, au lieu de : DE CHARYBDE... **L'Etat reproduit.** Très rare. Cabinet des Estampes, Paris, Musée Carnavalet, Paris.

3ᵉ — Avec la correction. On lit : DE CHARYBDE... Etat publié dans le Charivari (nᵒ du 20 mars 1869)

3700. — JE SUIS OISEAU, VOYEZ MES AILES...

(H. 248 millim. ; L. 210)

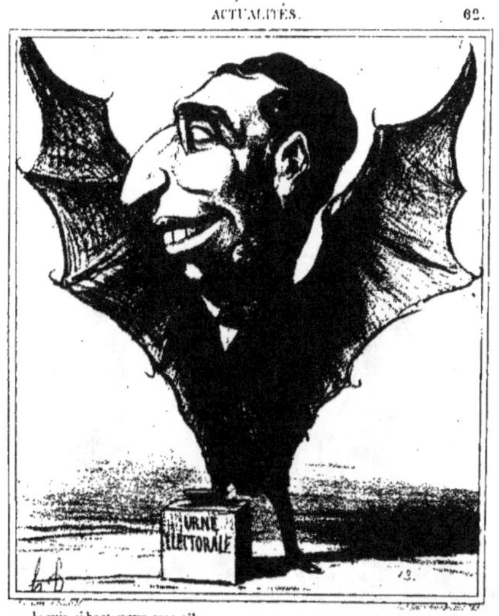

(1869). — 2ᵉ *Etat.* (Cat. H. D. 141 — 2 états décrits).

1ᵉʳ Etat. Avant la lettre. Fort rare.

2ᵉ — Avec la lettre, mais avant la modification dans la légende. On lit : Je suis *si haut...* L'Etat reproduit. Fort rare. Cabinet des Estampes, Paris, Musée Carnavalet, Paris.

3ᵉ — La légende est retranscrite plus au milieu, et on lit : Je suis *oiseau...*, etc. Etat publié dans le Charivari (nᵒ du 24 mars 1869).

3701. — LA PARTIE DE VOLANT

(H. 240 millim. ; L. 230)

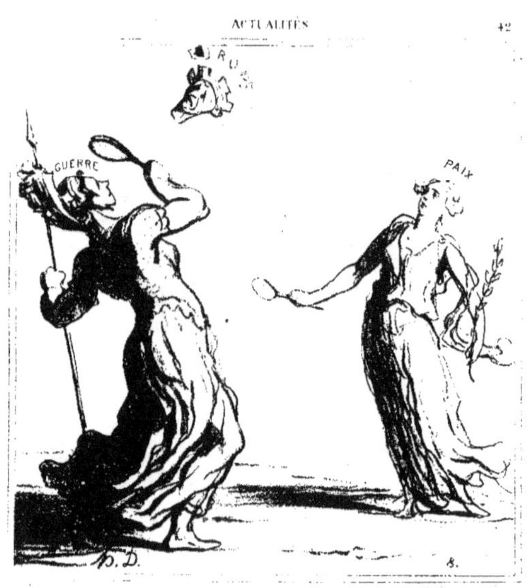

La partie de volant.

(1869). — 2e *Etat.* (Cat. H. D. 3145).

1er Etat. Avant la lettre. Fort rare.

— Avec la lettre. L'Etat reproduit. Etat publié dans le Charivari (n° du 31 mars 1869).

3702. — DIFFICILE A FAIRE PARAITRE SVELTE

(H. 239 millim.; L. 203)

ACTUALITÉS. 64.

Difficile à faire paraître svelte

(1869). — 3e *Etat.* (Cat. H. D. 3168).

1er **Etat.** Avant la lettre. Fort rare.

2e — Avec la lettre, mais avant une correction dans la légende. On lit : *Ditficille*, au lieu de Difficile. Très rare. Musée Carnavalet.

3e — Avec la correction. On lit : *Difficile*, au lieu de : Difficille. L'**Etat** reproduit. Etat publié dans le **Charivari** (n° du 6 avril 1869).

3703. — DANS LES TRIBUNES

(H. 237 millim. ; L. 204)

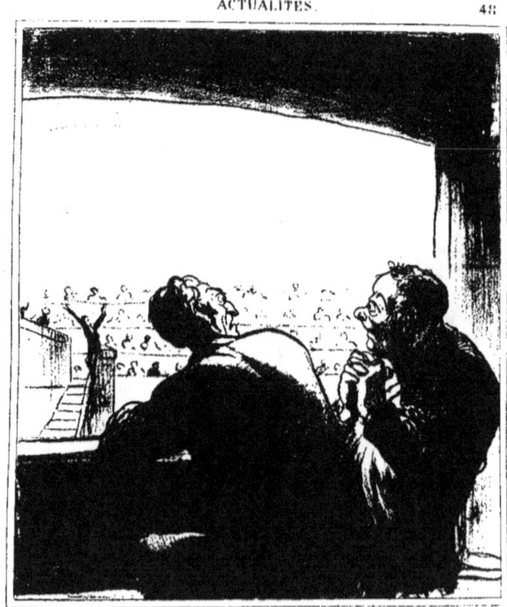

(1869). — 2e *Etat*. (Cat. H. D. 3772).

1er Etat. Avant la lettre. Fort rare.

2e — Avec la lettre. L'Etat reproduit. Etat publié dans le Charivari (n° du 8 avril 1869).

3704. — SERA-T-IL DIEU, TABLE OU CUVETTE?

(H. 239 millim. ; L. 203)

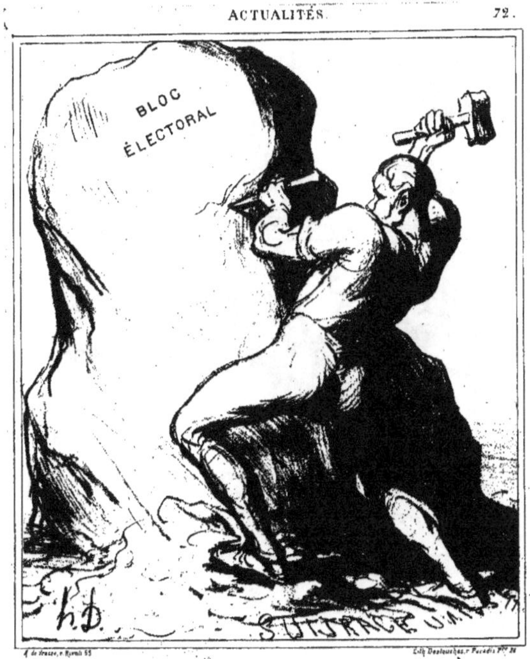

Sera t-il dieu, table ou cuvette.

(1869). — 2ᵉ *Etat*. (Cat. H. D. 3176).

1ᵉʳ **Etat. Avant la lettre. Fort rare.**

2ᵉ — Avec la lettre, mais avant le point d'interrogation, à la fin de la légende. Très rare. L'Etat reproduit. Cabinet des Estampes, Paris. Musée Carnavalet, Paris

3ᵉ — Avec un point d'interrogation après le mot : cuvette. Etat publié dans le Charivari (nᵒ du 12 avril 1869).

3705. — ENTRE DEUX SELLES

(H. 237 millim.; L. 224)

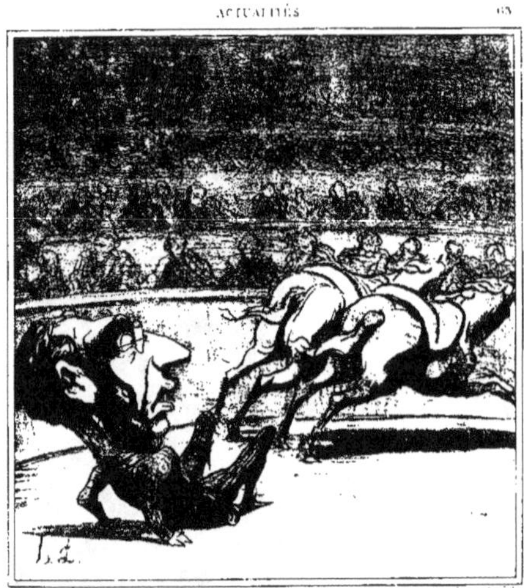

(1869). — 2e *Etat*. (Cat. H. D. 3167).

1re Etat. Avant la lettre. Fort rare.

2e — Avec la lettre. **L'Etat reproduit**. Etat publié dans le **Charivari** (no du 15 avril 1869).

3706. — RÉPÉTITION DE SOURIRE AVANT DE SE PRÉSENTER. .

(H. 231 millim. : L. 204)

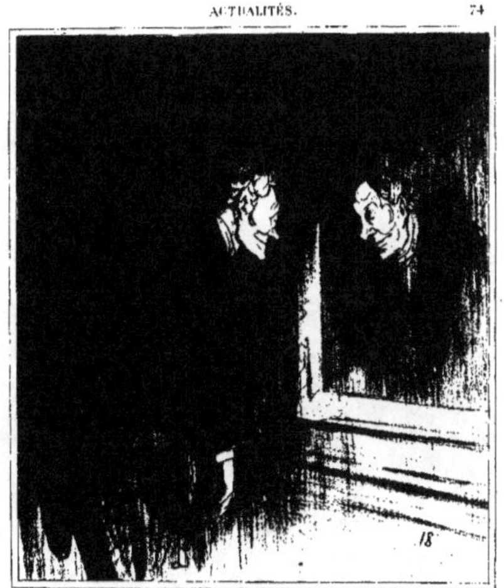

Répétition de sourire avant de se présenter à ses électeurs.

(1869). — 3e *Etat*. (Cat. H. D. 3776 — 2 états décrits).

1er Etat. Avant la lettre. Fort rare.

2e — Avec la lettre, mais avant les accents sur R*e*p*e*tition et pr*e*senter. Très rare.

3e — Avec la lettre. **L'Etat reproduit.** Etat publié dans **le Charivari** (no du 20 avril 1869).

Cette planche a été reproduite dans **Honoré Daumier, Lithographien**, par E. *Fuchs* : cette reproduction porte au B. à D. les lettres : *A. L. M.*

3707. — RECEVANT SES SUJETS

(H. 242 millim.; L. 211)

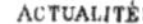

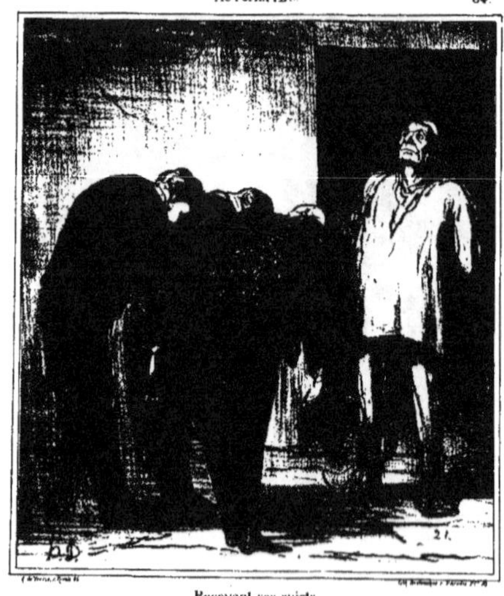

Recevant ses sujets

(1869). — 2e *Etat*. (Cat. H. D. 3778).

1er Etat. Avant la lettre. Fort rare.

2e — Avec la lettre. **L'Etat reproduit.** Etat publié dans le Charivari (no du 29 avril 1869).

---

28 mai 69

« Vous étiez grand, et vous êtes sublime. Le *Michel-Ange* de la Caricature. Ce nom vous restera.
« Il reçoit ses sujets! » Cela restera à jamais au cœur du *peuple souverain*... son réveil de 69.
« Je vous serre la main très tendrement.

« J. Michelet »

3708. — LA FRANCE SE PRÉPARANT A PASSER..

(H. 239 millim.; L. 204)

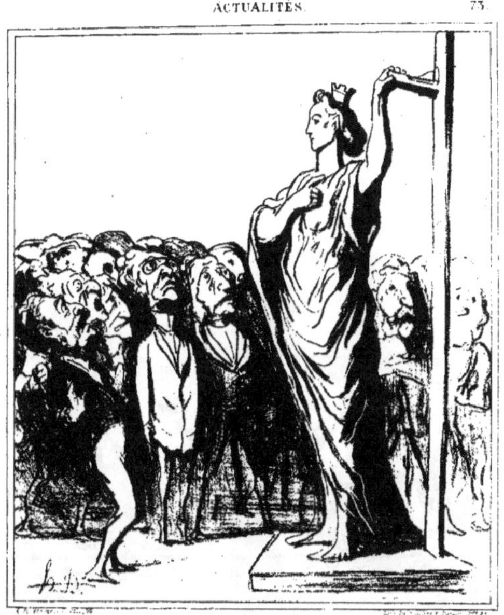

La France se préparant à passer ses candidats sous la toise.

(1869). — 2e *Etat.* (Cat. H. D. 3177 — 2 états décrits).

1er Etat. Avant la lettre. Fort rare.

2e — Avec la lettre. L'État reproduit. Etat publié dans le *Charivari* (no du 3 mai 1869).

3709. — ADOREMUS!

(H. 240 millim.; L. 203)

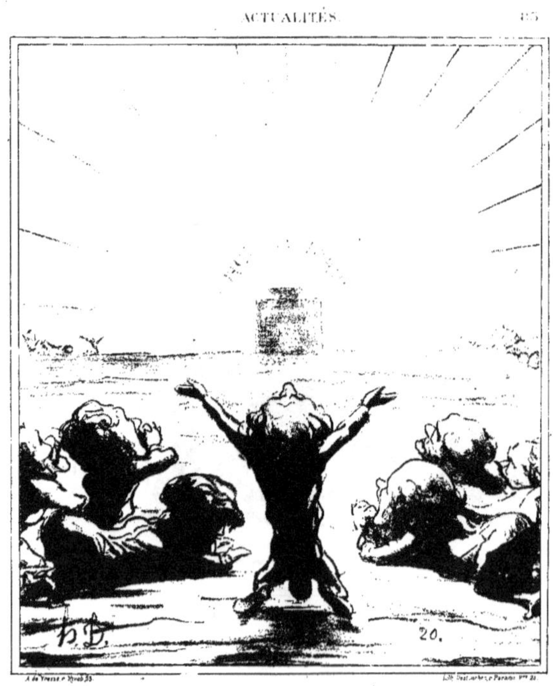

— Adoremus !

(1860). — 3ᵉ *Etat*. (Cat. H. D. 3190 — 2 états décrits).

1ᵉʳ Etat. Avant la lettre. Fort rare.

2ᵉ — Avec les noms et adresses de l'éditeur et de l'imprimeur, mais avant la lettre. Très rare.

3ᵉ — Avec la lettre, mais avant l'accent sur l'E de ELECTORALE. L'Etat reproduit.

4ᵉ Avec l'accent sur E de Electorale. Etat publié dans le Charivari (nº du 5 mai 1860).

3710. — L'ÉCARTELEMENT RÉTABLI

(H. 233 millim. ; L. 223)

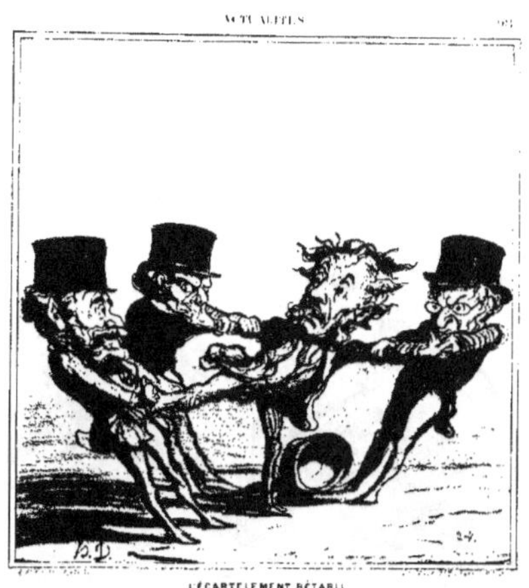

(1869). — 2ᵉ *Etat.* (Cat. H. D. 3205 — 2 états décrits).

1ᵉʳ Etat. Avant la lettre. Fort rare.

2ᵉ — Avec la lettre, mais avant l'accent sur le second *e* du mot *Ecartelement*. Fort rare. **L'État reproduit.** Cabinet des Estampes, Paris. Musée Carnavalet.

3ᵉ — Avec un accent sur le second *e* du mot : *Ecartélement*. Etat publié dans le Charivari (nᵒ du 8 mai 1869).

3711. — LA MITRAILLEUSE ÉLECTORALE

(H. 240 millim.; L. 228)

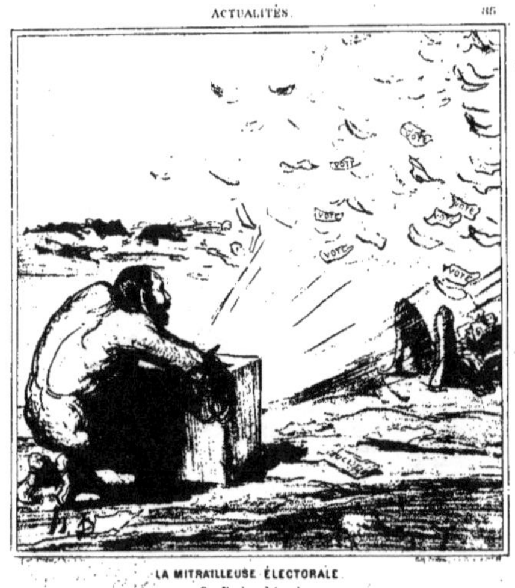

(1869). — 2ᵉ *Etat*. (Cat. H. D. 3191 — 2 états décrits).

1ᵉʳ Etat. Avant la lettre. Fort rare.

2ᵉ — Avec la lettre. L'Etat reproduit. Etat publié dans le Charivari (nᵒ du 11 mai 1869).

3712. – PARDON, JE N'EMBRASSE PAS TOUT LE MONDE...

(H. 242 millim. : L. 210)

ACTUALITÉS. 106.

h.D. 26.

— Pardon, je n'embrasse pas tout le monde....

(1869). — 2ᵉ *Etat*. Cat. H. D. 3217 — 2 états décrits).

1ᵉʳ Etat. Avant la lettre. Fort rare.

2ᵉ — Avec la lettre. L'État reproduit. Etat publié dans le Charivari (n° du 19 mai 1869).

3713. — LE LENDEMAIN DE LA BATAILLE

(H. 237 millim. ; L. 207)

ACTUALITÉS. 97

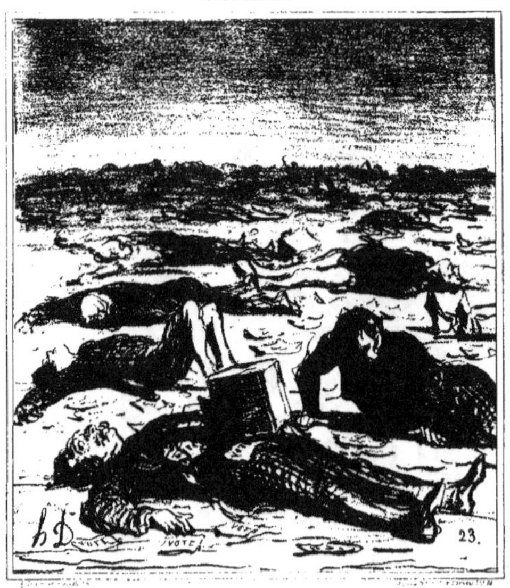

LE LENDEMAIN DE LA BATAILLE

(1869). — 2e *État.* (Cat. H. D. 3202 — 2 états décrits).

1er État. Avant la lettre. Fort rare.

2e — Avec la lettre. L'État reproduit. État publié dans le Charivari (no du 25 mai 1869).

3714. — LES BALLOTTÉS

(H. 252 millim.; L. 233)

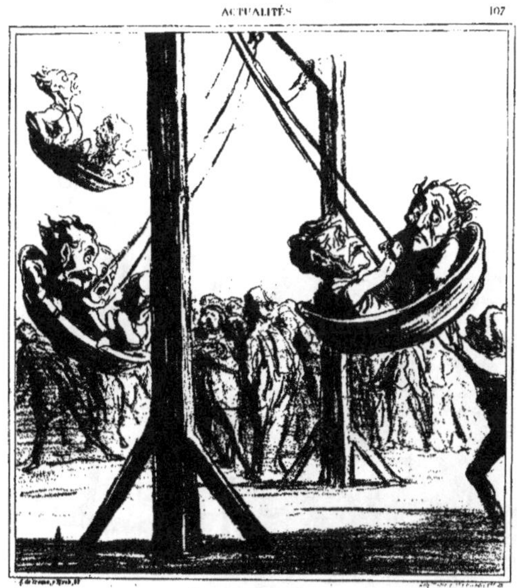

(1869). — 2e *Etat.* (Cat. H. D. 3220 — 2 états décrits).

1er État. Avant la lettre. Fort rare.

2e — Avec la lettre. L'Etat reproduit. État publié dans le Charivari (no du 28 mai 1869).

3715. — LES BALLOTTÉS — M'INVITERA-T-ELLE...

(H. 240 millim. ; L. 204)

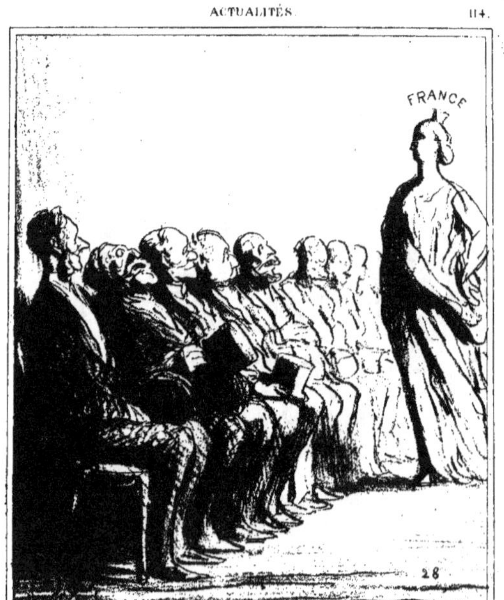

LES BALLOTTÉS.
- M'invitera-t-elle pour le second tour de valse ?

(1869). — 2ᵉ *Etat*. (Cat. H. D. 3223 — 2 états décrits).

1ᵉʳ Etat. Avant la lettre. Fort rare.

2ᵉ — Avec la lettre. **L'Etat reproduit**. Etat publié dans le **Charivari** (nᵒ du 2 juin 1869)

3716. — UTILISANT LES LOISIRS...

(H. 239 millim. ; L. 203)

ACTUALITÉS. 119

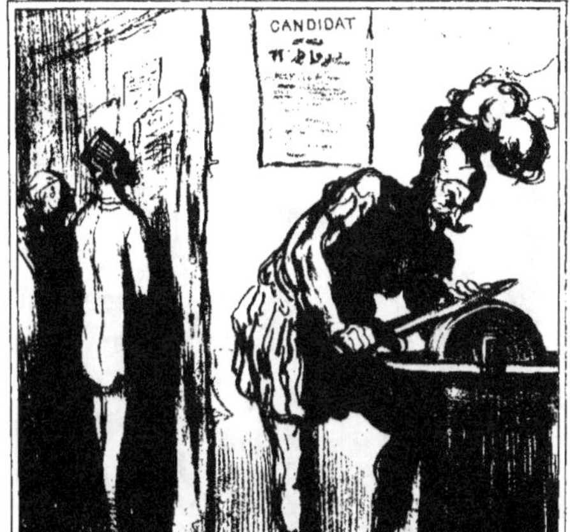

Utilisant les loisirs que lui ont faits les élections.

(1869). — 2e *Etat*. (Cat. H. D. 3225 — 2 états décrits).

1er Etat. Avant la lettre. Fort rare.

2e — Avec la lettre. L'Etat reproduit. Etat publié dans le **Charivari** (no du 8 juin 1869).

3717. — ELLE A DÉCIDÉMENT PLUS DE VOIX.

(H. 238 millim.; L. 203).

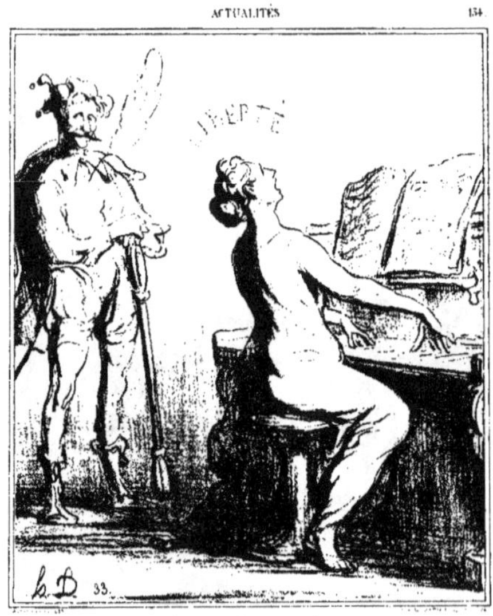

— Elle a décidément plus de voix.

(1869). — 2e *Etat*. (Cat. H. D. 3240).

1er Etat. Avant la lettre. Fort rare.

2e — Avec la lettre. **L'Etat reproduit.** Etat publié dans le **Charivari** (no du 23 juin 1869)

3718. — COMME ÇA SE REDRESSE VITE UNE ÉPINE DORSALE DE CANDIDAT

(H. 241 millim.; L. 206)

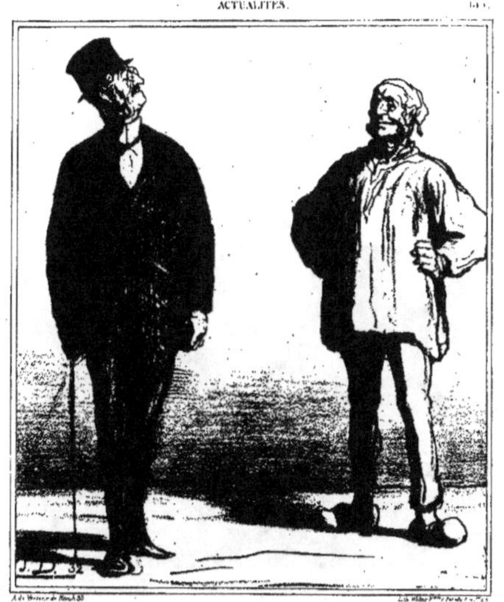

Comme ça la redresse une épine dorsale de candidat.

(1869). — 2ᵉ *Etat*. (Cat. H. D. 3241 — 3 états décrits).

1ᵉʳ État. Avant la lettre. Fort rare.

2ᵉ — Avec la lettre. On lit : ça *la* redresse... Très rare. **L'Etat reproduit.**

3ᵉ — Avec une légère modification dans la légende. On lit : ça *se* redresse... État publié dans le **Charivari** (nᵒ du 25 juin 1869).

3719. — LE NOUVEAU TONNEAU DES DANAÏDES

(H. 238 millim. ; L. 220)

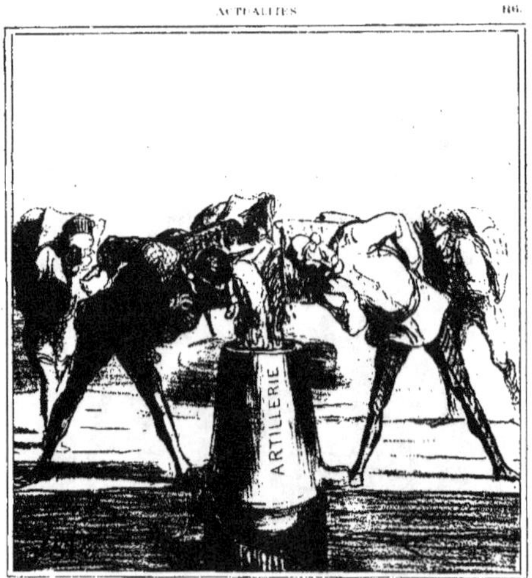

LE NOUVEAU TONNEAU DES DANAIDES

(1869). — 2ᵉ *État.* (Cat. H. D. 3226).

1ᵉʳ État. Avant la lettre. Fort rare.

2ᵉ — Avec la lettre. L'Etat reproduit. État publié dans le Charivari (nᵒ du 3 juillet 1869).

3720. — FAISANT SA PREMIÈRE ENTRÉE

(H. 234 millim. ; L. 198)

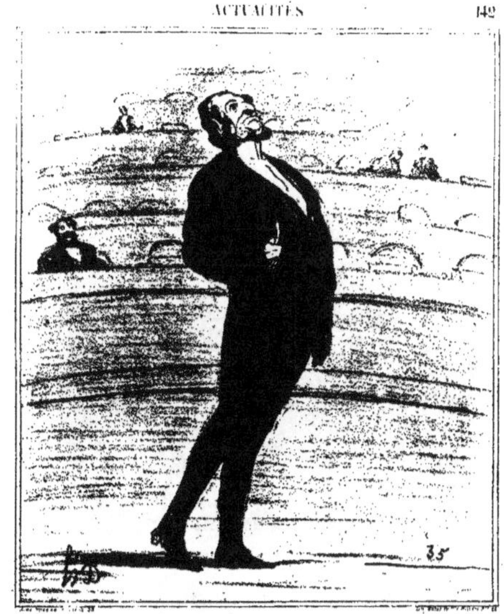

Faisant sa prémière entrée.

(1869). — 2ᵉ *Etat.* (Cat. H. D. 3249 — 2 états décrits).

1ᵉʳ Etat. Avant la lettre. Fort rare.

2ᵉ — Avec la lettre. Avec un accent sur *e* dans premiere. L'Etat reproduit.

3ᵉ — Avec la correction on lit : *première* au lieu de *prémière*. Etat publié dans le Charivari (nº du 6 juillet 1869).

3721. — BONNE OCCASION POUR VÉRIFIER...

(H. 239 millim. ; L. 202)

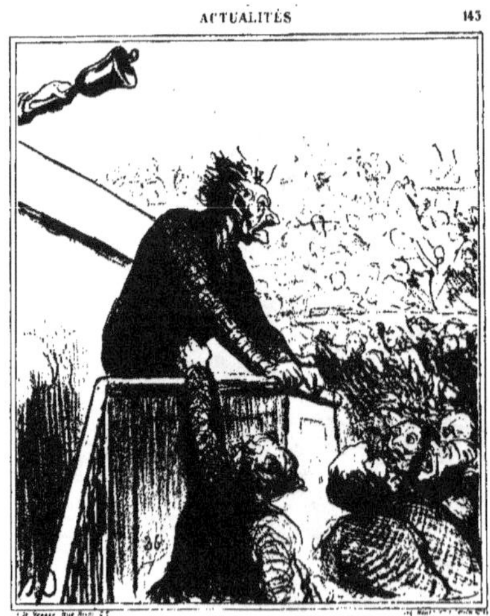

Bonne occasion pour vérifier les pouvoirs... de sa voix

(1869) — 3ᵉ *Etat.* (Cat. H. D. 3251 — 3 états décrits).

1ᵉʳ Etat. Avant la lettre. Fort rare.

2ᵉ — Avec la lettre. Mais avant une légère modification. On lit : de *la* voix. Très rare. Cabinet des Estampes, Paris.

3ᵉ — Avec la modification. On lit : de *sa* voix. **L'Etat reproduit.** Etat publié dans le **Charivari** (nº du 8 juillet 1869).

3722 — IL PARAIT QUE PERSONNE NE VEUT DE LA CONTRE-MARQUE

(H. 237 millim. ; L. 204)

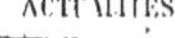

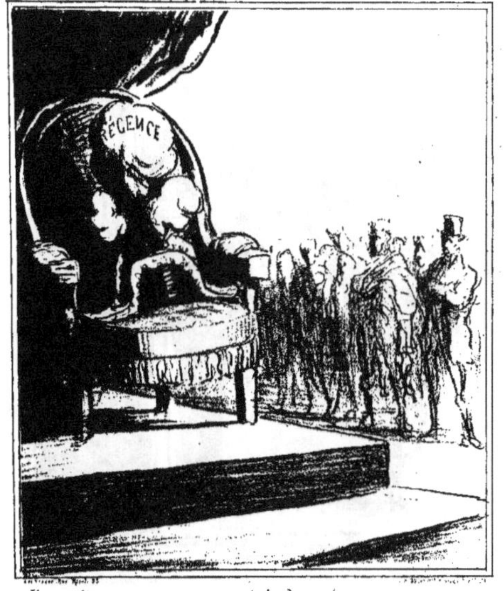

– Il paraît que personne ne veut de la contre-marque.

(1869). — 2e *Etat.* (Cat. H. D. 3259 — 2 états décrits).

1er Etat. Avant la lettre. Fort rare.

2e — Avec la lettre. L'Etat reproduit. Etat publié dans le **Charivari** (n° du 10 juillet 1869).

3723 — JE DOIS PRÉVENIR... QU'ON EST EN TRAIN DE VÉRIFIER...

(H. 232 millim. ; L. 202)

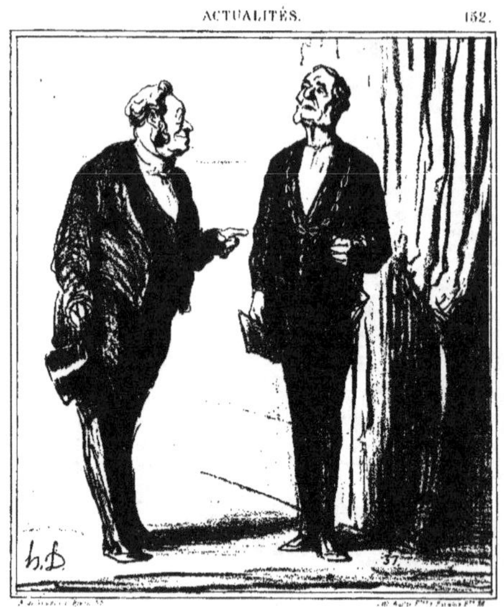

Je dois prévenir monsieur qu'on est en train de vérifier monsieur et que ça prend une drôle de tournure.

(1869). — 3ᵉ *Etat*. (Cat. H. D. 3264 — 2 états décrits)

1ᵉʳ Etat. Avant la lettre. Fort rare.

2ᵉ — Avec la lettre. Avant une modification dans la légende on lit : Monsieur, je dois prévenir monsieur qu'on est en train de vérifier monsieur, et que ça prend une drôle de tournure pour Mossieu.

3ᵉ — Avec la lettre. La légende modifiée. **L'Etat reproduit.** Etat publié dans le **Charivari** (nᵒ du 14 juillet 1869).

3724. — PARDON MON CHER...

(H. 236 millim.; L. 205)

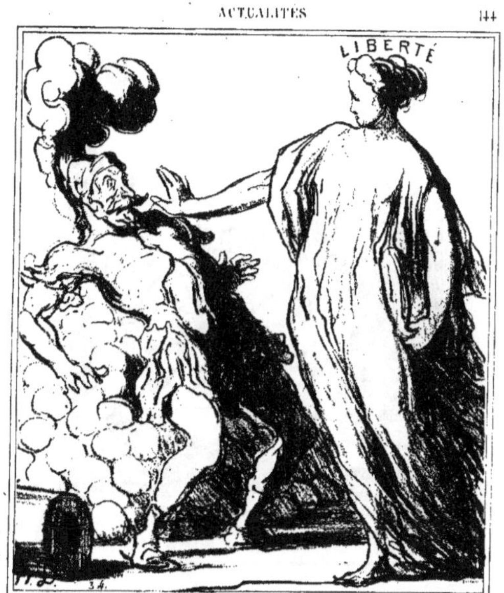

(1869). — 2ᵉ *Etat.* (Cat. H. D. 3254 — 2 états décrits).

1ᵉʳ Etat. Avant la lettre. Fort rare.

2ᵉ — Avec la lettre. L'Etat reproduit. Etat publié dans le Charivari (n° du 16 juillet 1869).

3725. — LE JEU DE BAGUES EUROPÉEN

(H. 238 millim.; L. 206)

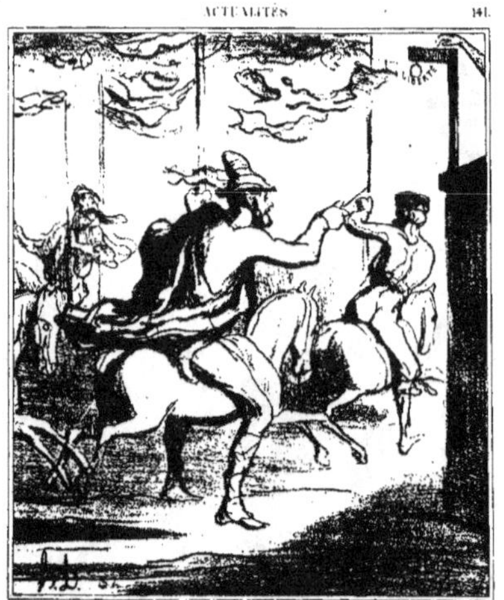

LE JEU DE BAGUES EUROPÉEN

Ce qui s'appelle tenir la dragée trop haute.

(1869). — 2e *Etat* (Cat. H. D. 3248).

1er Etat. Avant la lettre. Fort rare.

2e — Avec la lettre. **L'Etat reproduit.** Etat publié dans le **Charivari** (no du 17 juillet 1869).

3726. — LE DÉPUTÉ QUI M'A AMENÉ... M'A OUBLIÉ...

(H. 234 millim. ; L. 205)

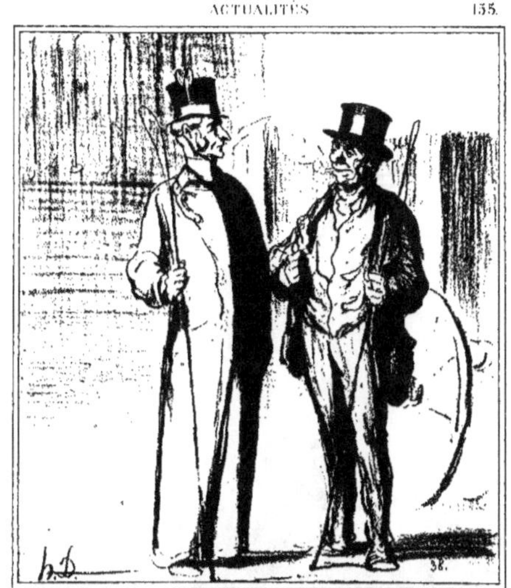

— Le député qui m'a amené à la Chambre m'a oublié depuis le jour de la prorogation mais ça m'est égale je suis à l'heure

(1869). — 3e *Etat.* (Cat. H. D. 3790 — 2 états décrits).

1er Etat. Avant la lettre. Fort rare.

2e — Avec la lettre : *J'voudrais ben qu'l'élection de mon bourgeois soit validée — qu'est-ce que ça vous fait, vous êtes cocher de fiacre? Y m'prendrait peut-être l'heure pour six ans.* Très rare.

3e — La légende est complètement modifiée, mais avant quelques corrections. **L'État reproduit.** Très rare. Musée Carnavalet, Cabinet des Estampes, Paris.

4e — Avec les corrections dans la légende. Avec un tiret entre les mots : *oublié* et *depuis*, avec une virgule après : prorogation, une cédile sous : *ça*. Enfin on lit : *égal* (au masculin), au lieu de égale. Etat publié dans le **Charivari** (n° du 21 juillet 1869).

VENTE : Ch. Malherbe (1912), 2e état, 20 fr.

3727. — ON JETTE DU LEST

(H. 240 millim.; L. 206)

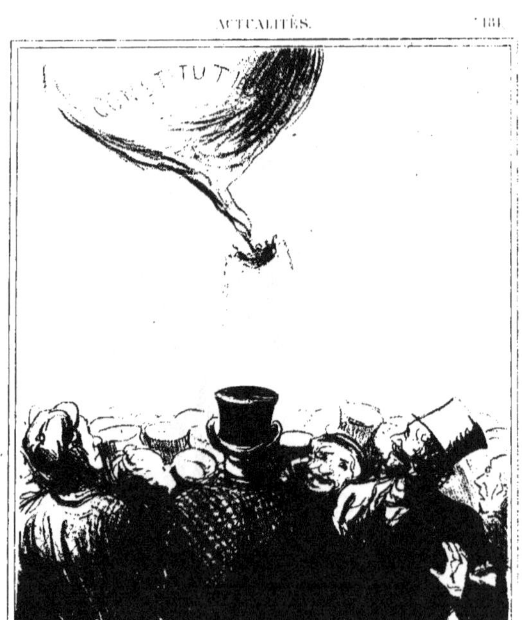

— On Jette du lest.

(1869). — 2e Etat. (Cat. H. D. 3281).

1er Etat. Avant la lettre. Fort rare.

2e — Avec la lettre. L'Etat reproduit. Etat publié dans le Charivari (n° du 12 août 1869).

3728. — LE VRAI FEU D'ARTIFICE EST D'ÊTRE LIBÉRAL

(H. 242 millim. ; L. 204)

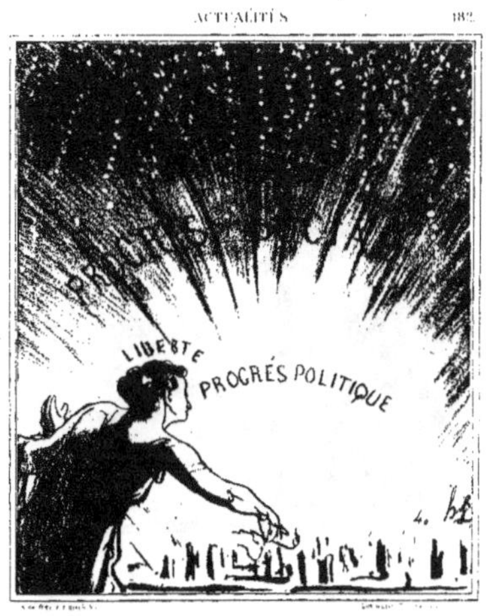

(1869). — 2° *Etat*. (Cat. H. D. 3282).

1er Etat. Avant la lettre. Fort rare.

2e — Avec la lettre. **L'Etat reproduit.** Etat publié dans le **Charivari** (n° du 14 août 1869).

3729. — AU CAMP DE CHALONS

(H. 240 millim. ; L. 208)

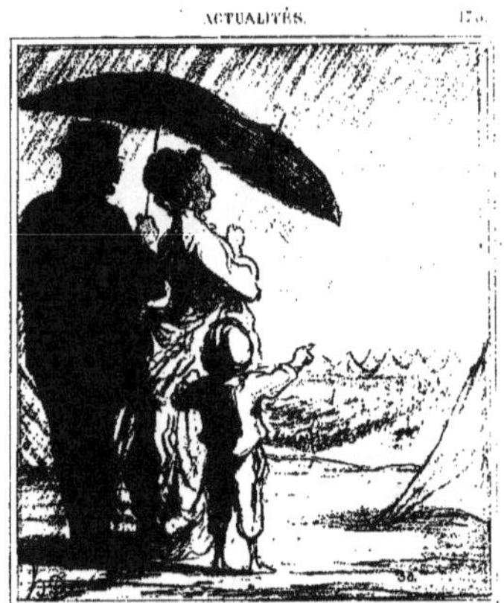

(1869). — 2e *Etat*. (Cat. H. D. 3794 — 2 états décrits).

1er État. **Avant la lettre. Fort rare.**

2e — **Avec la lettre. L'État reproduit.** Etat publié dans le **Charivari** (no du 19 août 1869).

3730. — LA LEÇON D'ANATOMIE.

(H. 238 millim. : L. 203)

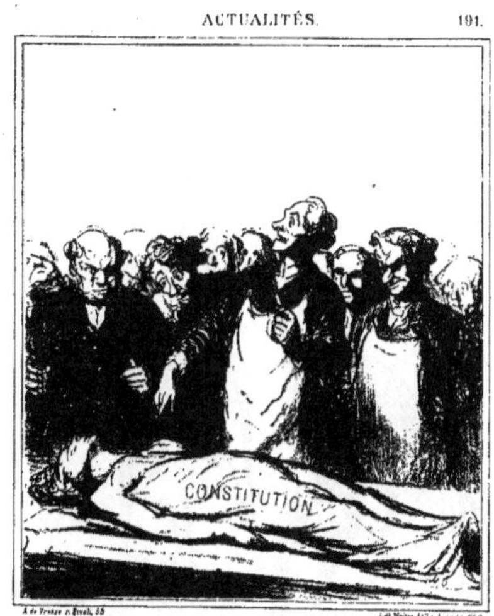

La leçon d'anatomie.

(1869). — 2ᵉ *Etat*. (Cat. H. D. 3292 — 2 états décrits).

1ᵉʳ Etat. Avant la lettre. Fort rare.

2ᵉ — Avec la lettre. L'Etat reproduit. Etat publié dans le Charivari (nᵒ du 21 août 1869).

3731. — PAS TROP ÉCOURTÉ, S'IL VOUS PLAIT

(H. 238 millim. ; L. 202)

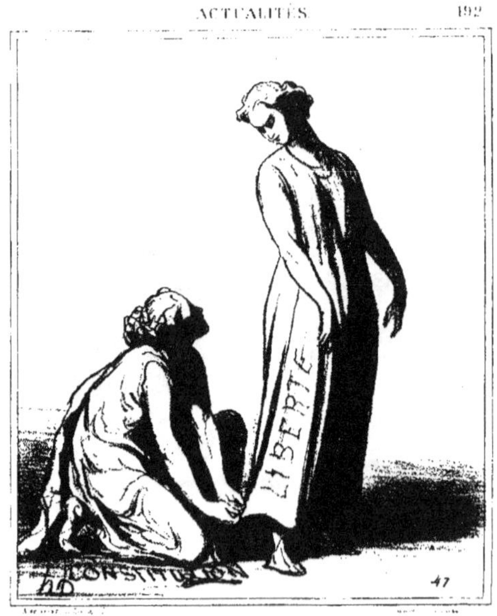

— Pas trop écourté, s'il vous plait.

(1869). — 2ᵉ *État* (Cat. H. D. 3293).

1ᵉʳ État. Avec le titre de série et les adresses de l'éditeur et de l'imprimeur, mais avant la légende. Très rare.

2ᵉ Avec la légende. **L'État reproduit**. État publié dans le **Charivari** (nº du 23 août 1869).

Cette planche a été reproduite dans sa dimension originale, dans : **Honoré Daumier, Lithographien**, par *E. Fuchs* : cette reproduction porte au B. à D. les lettres : A. L. M.

3732 — JE SUIS DÉPUTÉ

(H. 255 millim. : L. 204)

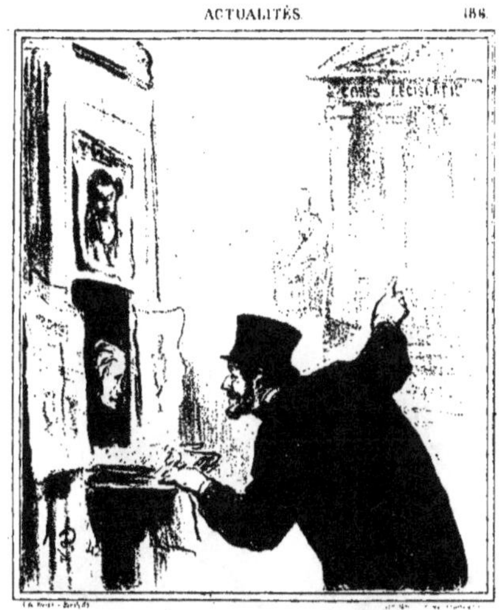

(1869). — 3ᵉ *Etat*. (Cat. H. D. 3797 — 2 états décrits).

1ᵉʳ Etat. **Avant la lettre. Fort rare.**

2ᵉ — Avec **la lettre, mais avant une modification** dans la légende, on lit : *c'est donc ça* au lieu de : C'est donc ça... Cabinet des Estampes, Paris.

3ᵉ — Avec la modification dans la légende. **L'Etat reproduit.** Etat publié dans le **Charivari** (nᵒ du 28 août 1869).

3733. — UNE SÉANCE DE MAGNÉTISME

(H. 240 millim.; L. 205)

ACTUALITÉS. 193.

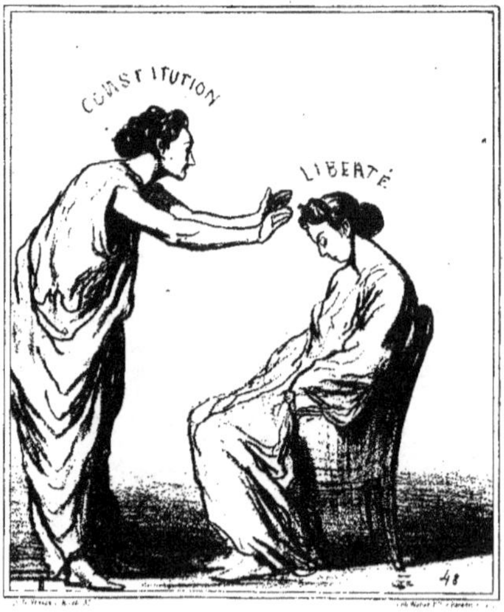

Une séance de magnétisme.

(1869). — 2e *Etat*. (Cat. H. D. 3294 — 2 états décrits).

1er Etat. Avant la lettre. Fort rare.

2e — Avec la lettre. L'Etat reproduit. Etat publié dans le Charivari (nº du 31 août 1869).

3734. — DITES MOI, L'AMI...

(H. 239 millim.; L. 204)

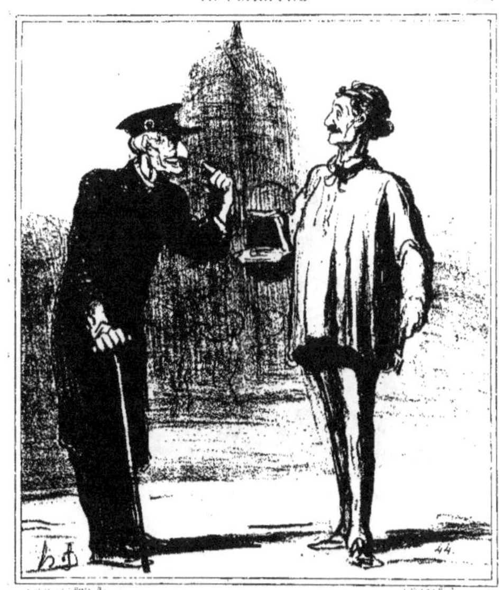

— Dites moi, l'ami, est-ce qu'il ne resterait pas un peu de l'or du dôme pour dorer mon nez d'argent?

(1869). — 2ᵉ *Etat*. (Cat. H. D. 3799).

1ᵉʳ Etat. Avant la lettre. Fort rare.

2ᵉ — Avec la lettre, mais avant le trait d'union entre: Dites moi. Très rare. L'Etat reproduit. Musée Carnavalet. Cabinet des Estampes, Paris.

3ᵉ — Avec le trait d'union. On lit: *Dites-moi.* Etat publié dans le Charivari (nᵒ du 3 septembre 1869).

3735. — UNE POSITION GÊNANTE A GARDER CINQ MOIS

(H. 235 millim. ; L. 203)

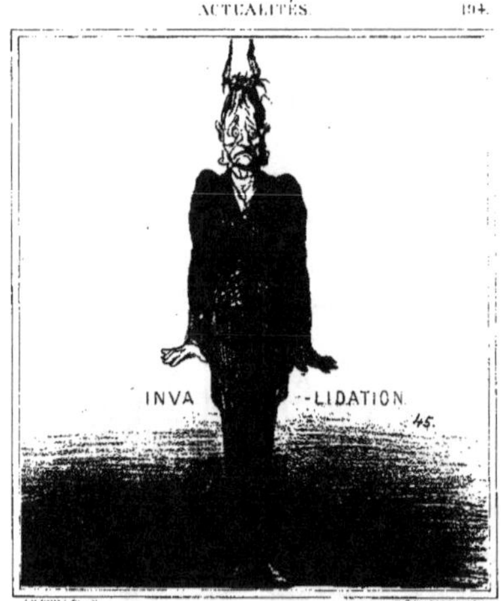

Une position gênante à garder cinq mois.

(1869) — 3ᵉ *État* (Cat. H. D. 3295 — 2 états décrits)

1ᵉʳ État. Avant la lettre. Fort rare.

2ᵉ — Avant la légende, mais avec le titre de série : *ACTUALITÉS* et les adresses. Très rare.

3ᵉ — Avec la lettre. **L'État reproduit. État publié dans le Charivari** (nº du 6 septembre 1869).

3736. — ON AVAIT... JOLIMENT GRAISSÉ LE MÂT

(H. 238 millim. ; L. 193)

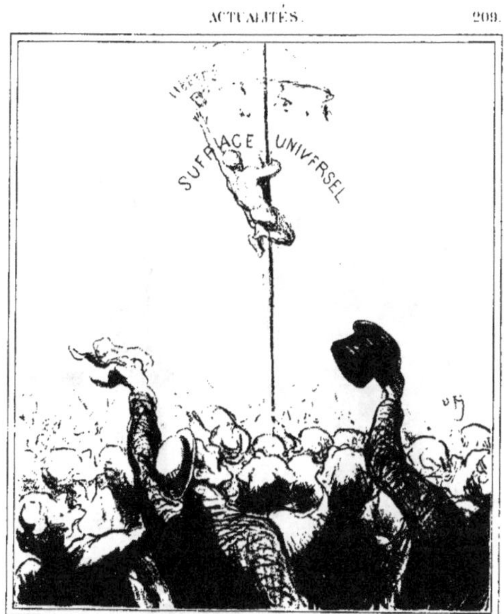

On avait tout de même joliment graissé le mât.

(1869). — 2ᵉ *Etat* (Cat. H. D. 3305 — 2 états décrits).

1ᵉʳ Etat. Avant la lettre. Fort rare.

2ᵉ — Avec la lettre. L'Etat reproduit. Etat publié dans le Charivari (nᵒ du 15 septembre 1869).

3737. — JE VOULAIS LA LUI JETER...

(H. 240 millim.; L. 205)

ACTUALITÉS. 210

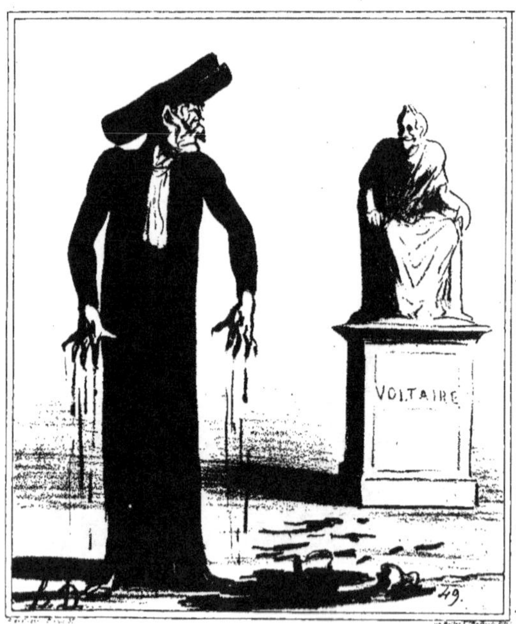

Je voulais la lui jeter et c'est moi qui me suis sali.

(1869). — 2ᵉ *État.* (Cat. H. D. 3308. — 2 états décrits).

1ᵉʳ Etat. Avant la lettre. Fort rare.

2ᵉ — Avec la lettre, mais avant que le nom de *VOLTAIRE* n'ait été récrit plus fortement. Très rare. **L'Etat reproduit.** Musée Carnavalet. Cabinet des Estampes, Paris.

3ᵉ — Le nom de *VOLTAIRE* est plus fortement accusé. Etat publié dans le **Charivari** (nᵒ du 22 septembre 1869).

Cette planche a été reproduite dans : **Honoré Daumier, Lithographien,** par *E. Fuchs* ; cette reproduction porte au B. à D. les lettres : A. L. M.

3738. — LES ESCARGOTS NON SYMPATHIQUES

(H. 238 millim. ; L. 204)

ACTUALITÉS 211

C R E S

Les Escargots non sympathiques.

(1869). — 2e *État*. (Cat. H. D. 3310 — 2 états décrits).

1er État. Avant la lettre. Fort rare.

2e — Avec la lettre. L'État reproduit. État publié dans le Charivari (no du 25 septembre 1869).

3739. – ON PARLE D'FAIRE D'NOUVELLES ÉLECTIONS..

(H. 213 millim. ; L. 202)

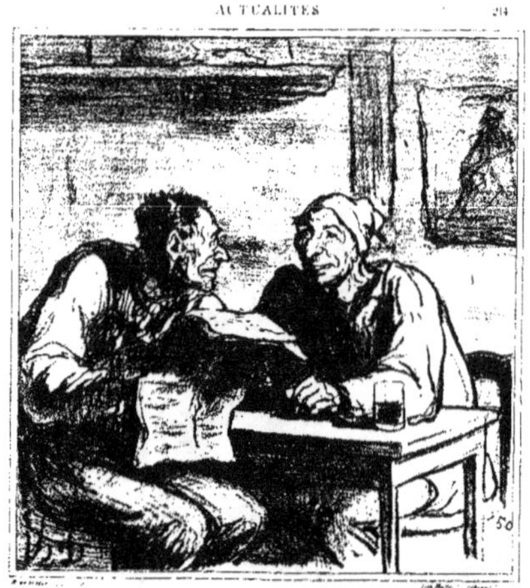

— On parle d'faire d'nouvelles élections. — C'te fois avant d'donner not'voix à un des candidats, nous l'ferons visiter par l'médecin pour qu'ensuite on n'le déclare pas invalide.

(1869). – 3ᵉ *État* (Cat. H. D. 3801 – 2 états décrits).

1ᵉʳ État. Avant la lettre. Fort rare.

2ᵉ – Avec la lettre, mais avant une légère modification dans la légende. On lit : *invalides* (au pluriel), au lieu de *invalide*. Très rare. Musée Carnavalet. Cabinet des Estampes, Paris.

3ᵉ – Avec la correction dans la légende. On lit : *invalide* (au singulier). L'État reproduit. Etat publié dans le Charivari (nᵒ du 27 septembre 1869).

3740. — A L'INSTAR DE PANTIN

(H. 236 millim. ; L. 207)

ACTUALITÉS. 225.

A l'instar de Pantin.

(1869). 2e *État.* (Cat. H. D. 3325 — 2 états décrits).

1er **Etat.** **Avant la lettre. Fort rare.**

2e — **Avec la lettre. L'Etat reproduit. État publié dans le Charivari (nº du 12 octobre 1869).**

3741. LE MANTEAU LEUR RESTE DANS LA MAIN...

(H. 237 millim. ; L. 201)

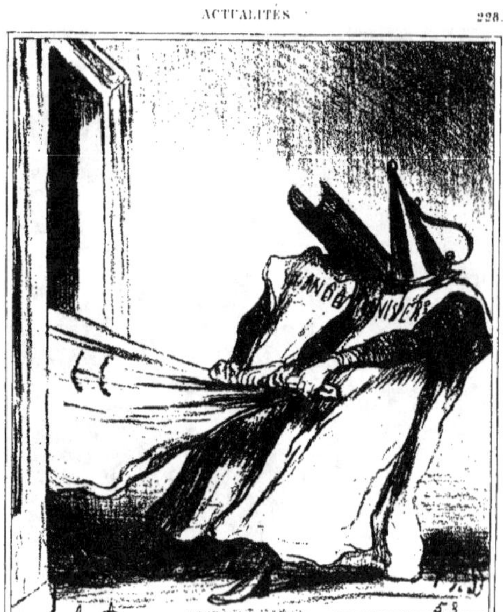

— Le manteau leur reste dans la main comme dans l'histoire de Joseph

(1869). 2e *Etat.* (Cat. H. D. 3329).

1er Etat. Avant la lettre. Fort rare.

2e — Avec la lettre. L'Etat reproduit. Etat publié dans le Charivari (no du 14 octobre 1869).

3742. — LA RESTAURATION DU CORPS LÉGISLATIF

(H. 237 millim. ; L. 203)

ACTUALITÉS. 240.

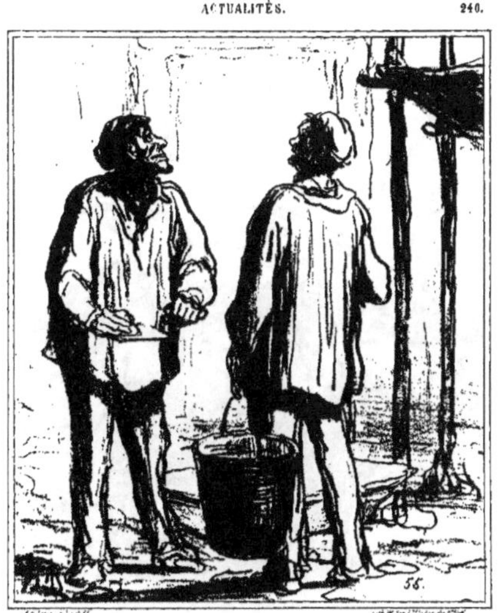

LA RESTAURATION DU CORPS LÉGISLATIF.

— J'espère qu'il tiendra comme ça.

— Hum!. hum!. ça n'est pas que les mûrs qu'il aurait fallu récrépir.

(1869). — 2ᵉ *Etat.* Cat. H. D. 3336).

1ᵉʳ Etat. Avant la lettre. Fort rare.

2ᵉ — Avec la lettre, mais avant deux légeres modifications dans la légende. On lit : *mûrs*, au lieu de murs, et *récrépir*, au lieu de recrépir. Fort rare. **L'état reproduit.** Cabinet des Estampes, Paris. Musée Carnavalet.

3ᵉ — Avec deux corrections dans la légende. On lit : *murs* (sans ˆ) et *recrépir*, au lieu de récrepir Etat publié dans le **Charivari** (nᵒ du 20 octobre 1869).

— —

3743. — JE CROIS QUE LE PARAPLUIE VA FINIR PAR CREVER

(H. 240 millim ; L. 202)

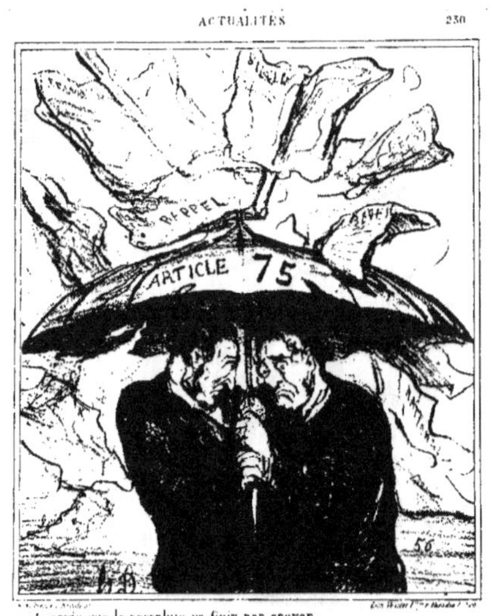

(1869). — 2ᵉ *Etat.* (Cat. H. D. 3332).

1ᵉʳ Etat. Avant la lettre. Fort rare.

2ᵉ — Avec la lettre. **L'Etat reproduit.** Etat publié dans le **Charivari** (nᵒ du 23 octobre 1869).

3744. — RÉPÉTITION GÉNÉRALE DU CONCILE

(H. 240 millim. ; L. 205)

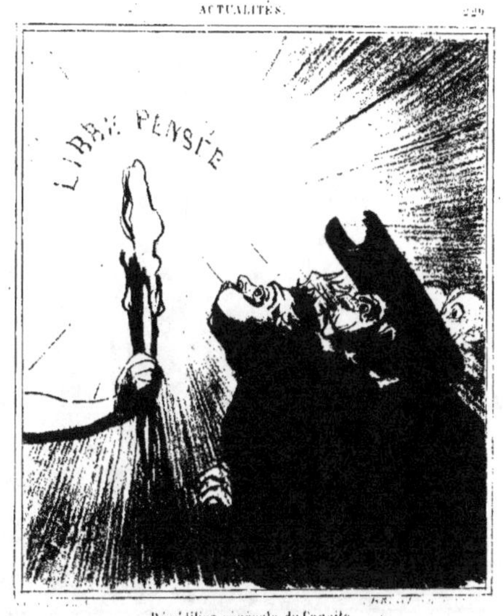

Répétition générale du Concile.

(1869). — 2e État. (Cat. H. D. 3331 — 2 états décrits).

1er État. Avant la lettre. Fort rare.

2e — Avec la lettre. **L'État reproduit.** État publié dans le Charivari (no du 27 octobre 1869).

3745. — LANTERNE MAGIQUE !!!

(H. 219 mill. ; L. 205).

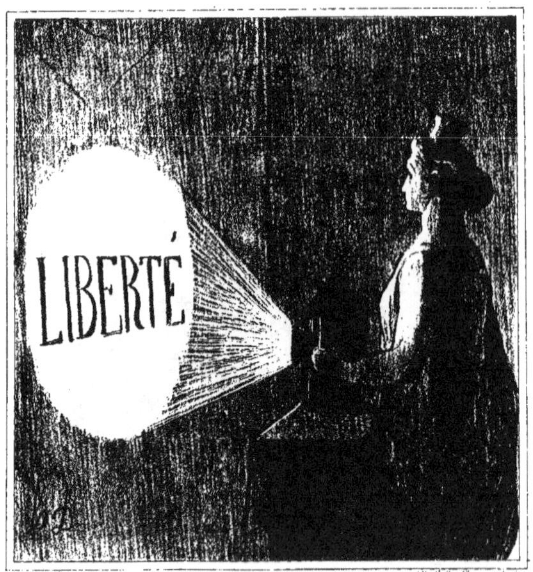

Lanterne magique!!!..

(1869). — 2ᵉ *Etat* (Cat. H. D. 3347 — 2 états décrits).

1ᵉʳ Etat. Avant la lettre. Fort rare.

2ᵉ — Avec l. lettre. L'Etat reproduit. Etat publié dans le Charivari (nº du 19 novembre 1869).

3746. — V'LA MA CARTOUCHE

(H. 240 millim. ; L. 208)

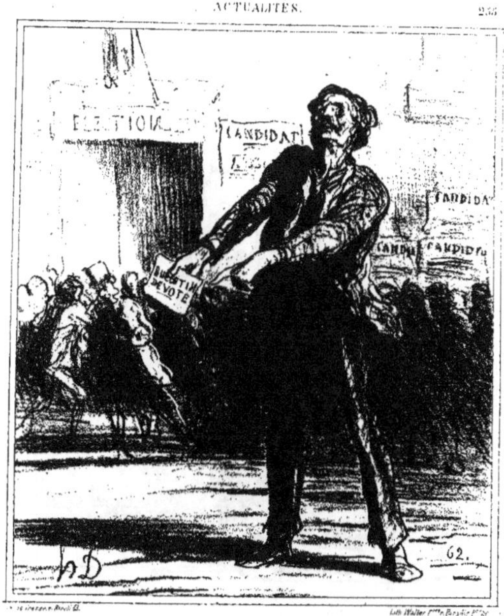

V'là ma cartouche.

(1869). — 2ᵉ *Etat*. (Cat. H. D. 3345 — 2 états décrits).

1ᵉʳ Etat. Avant la lettre. Fort rare.

2ᵉ — Avec la lettre. **L'Etat reproduit.** Etat publié dans le **Charivari** (nᵒ du 20 novembre 1869).

3747. — ATTENDEZ... QUE J'AIE EU LE TEMPS DE PRENDRE MON APLOMB

(H. 249 millim. ; L. 205)

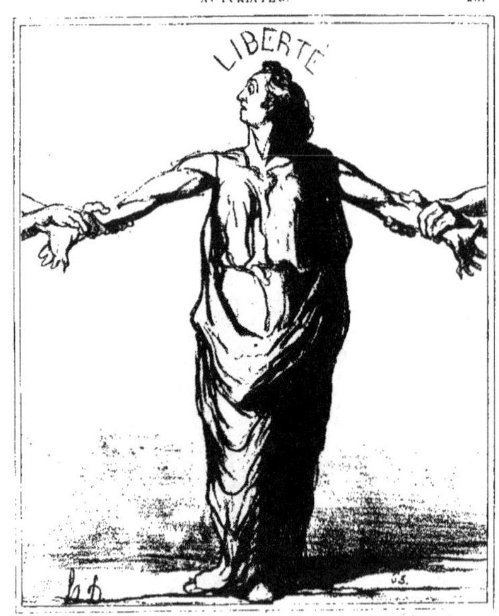

— Attendez donc au moins que j'aie eu le temps de prendre mon aplomb

(1869). — 2ᵉ *État.* (Cat. H. D. 3351 — 2 états décrits).

1ᵉʳ État. Avant la lettre. Fort rare.

2ᵉ — Avec la lettre. L'État reproduit. État publié dans le Charivari (nᵒ du 23 novembre 1869).

3748. — LEOCADIE... 40 SIÈCLES... NOUS CONTEMPLENT...

(H. 242 millim. ; L. 204).

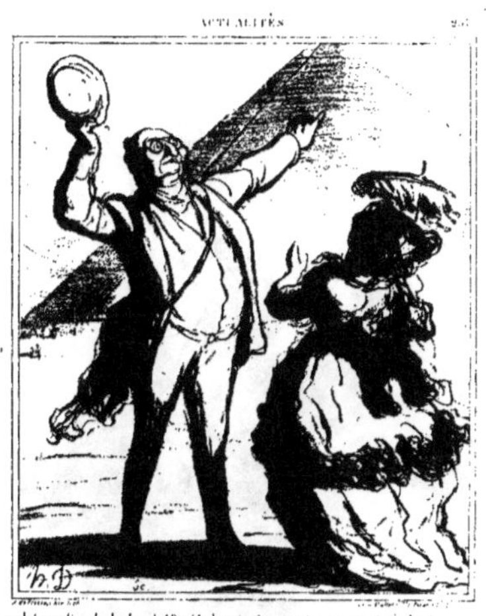

(1869). — 2e *État*. (Cat. H. D. 3810 — 2 états décrits).

1er Etat. Avant la lettre. Fort rare.

2e — Avec la lettre. L'Etat reproduit. Etat publié dans le Charivari (n° du 27 novembre 1869).

3749. — LE CONCILE SELON BASILE

(H. 237 millim.; L. 207)

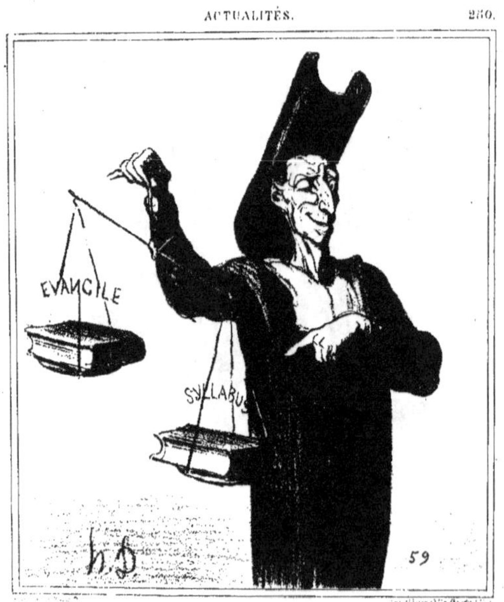

Le Concile selon Basile.

(1869). — 2e *Etat.* (Cat. H. D. 3342 — 2 états décrits).

1er Etat. Avant la lettre. Fort rare.

2e — Avec la lettre. L'État reproduit. Etat publié dans le Charivari (no du 30 novembre 1869).

3750. — VINGT ANS APRÈS

(H. 242 millim. ; L. 202).

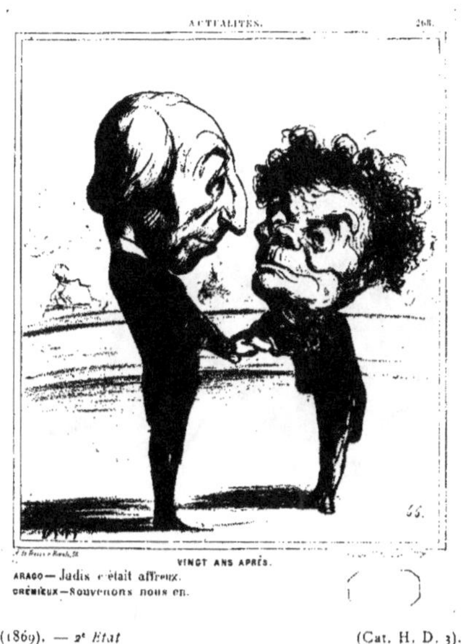

(1869). — 2ᵉ *Etat* (Cat. H. D. 3).

1ᵉʳ Etat. Avant la lettre. Fort rare.

2ᵉ — Avec la lettre, mais avant un changement dans la légende On lit : ... *c'était affreux*. Tres rare. **L'Etat reproduit**. Cabinet des Estampes, Paris, Musée Carnavalet.

3ᵉ — Avec une modification dans la légende. On lit : ... *c'était différent*, au lieu de : c'était affreux. **Etat publié dans le Charivari** (nᵒ du 6 décembre 1869).

3751. — LE CAUCHEMAR D'UN DÉPUTÉ

(H. 230 millim. ; L. 203).

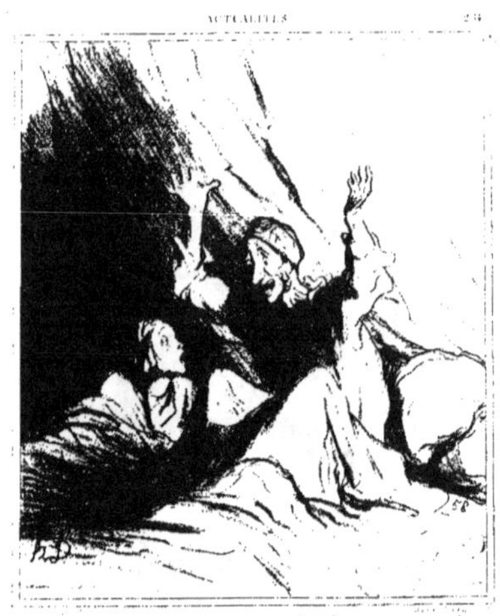

LE CAUCHEMAR D'UN DÉPUTÉ.

— Ah! mon dieu! mon ami qu'as tu donc ?
— Je rêvais que j'étais invalidé.

(1869). — 2ᵉ *Etat.* (Cat. H. D. 3808).

1ᵉʳ Etat. Avant la lettre. Fort rare.

2ᵉ — Avec la lettre. L'Etat reproduit. Etat publié dans le Charivari (nᵒ du 7 décembre 1869).

3752. — NE REGARDEZ DONC PAS PAR LA...

(H. 248 millim.; L. 223)

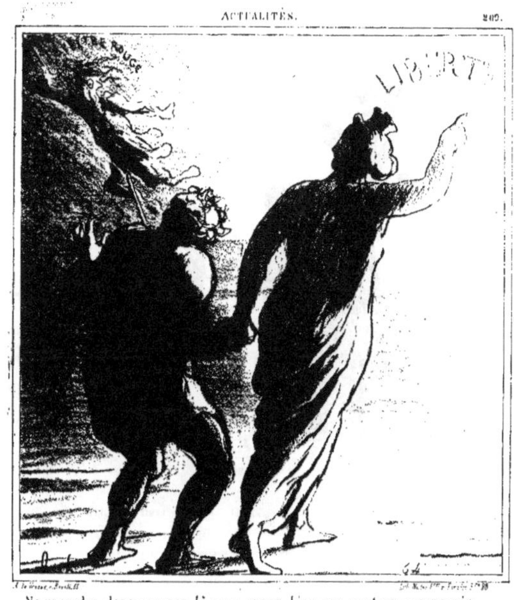

(1869). — 2e *État*. (Cat. H. D. 3355).

1er **Etat.** Avant la lettre. Fort rare.

2e — Avec la lettre. L'**Etat reproduit.** Etat publié dans le **Charivari** (n° du 9 décembre 1869).

3753. — RENTRÉE DE BANQUO-GLAIS-BIZOIN

(H. 243 millim.; L. 214)

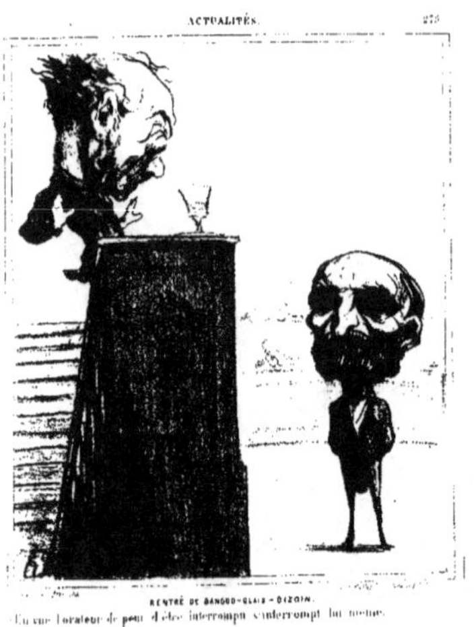

(1869) — 2e *Etat.* (Cat. D. 2358 – 2 états décrits).

1er Etat. Avant la lettre. Fort rare.

2e — Avec la lettre. Avant la modification dans la légende : on lit : *En vue...* **L'Etat reproduit. Très rare.**

3e — Avec la modification dans la légende. on lit : *A sa vue...*, au lieu de : En vue... Etat publié dans le **Charivari** (n° du 14 décembre 1869).

3754. — LE MOT D'ORDRE : RÉACTION... PARDON... LIBERTÉ

(H. 247 millim. : L. 202)

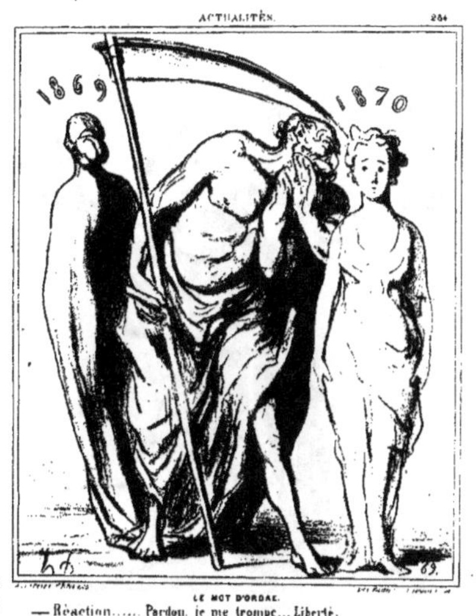

(1869). — 2e *Etat* (Cat. H. D. 3365 — 2 états décrits).

1er Etat. Avant la lettre. Fort rare.

2e — Avec la lettre. L'État reproduit. Etat publié dans le Charivari (n° du 31 décembre 1869).

3755. — OU Mr BANCEL AMÈNE LE MILLE

(H. 245 millim. ; L. 205)

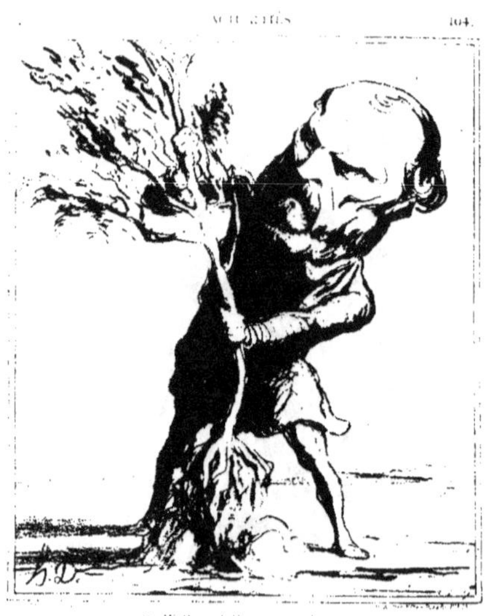

(1869) (?) — 2e *Etat.* (Cat. H. D. 9 — 2 états décrits).

1er Etat. Le personnage lève les bras pour frapper sur une tête de Turc (celle d'Emile Ollivier), La légende se lit : *Ou Mr Bancel amène le mille.* Fort rare. Collection de M. O. Gerstenberg.

2e — La tête de Turc est effacée et remplacée par un olivier. La légende changée. **L'Etat reproduit.** Fort rare. Cabinet des Estampes, Paris.

Cette planche destinée à la série des **Actualités**, n'a pas été publiée.

VENTE : Ch. Malherbe (1912), 1er et 2e états, 200 fr.

3756. — JE VOUS APPORTE MON LIVRET

(H. 251 millim.; L. 213)

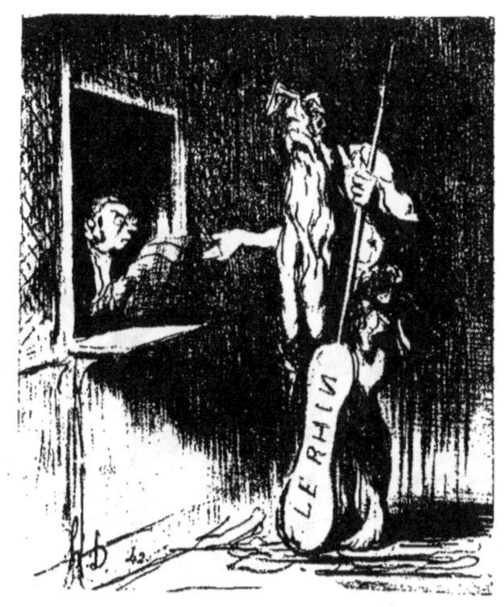

(1869) (?) (Cat. H. D. 3266).

Lithographie demeurée inédite ; nous n'en connaissons qu'une épreuve ; elle porte en marge la légende *manuscrite* donnée ci-dessus ; dans le H. de la pièce, on lit : ACTUALITÉS — N° 158, puis au B. les adresses de l'éditeur et de l'imprimeur.

3757. — VOILA TES ÉTRENNES... NE LES CASSE PAS

(H. 235 millim. ; L. 218)

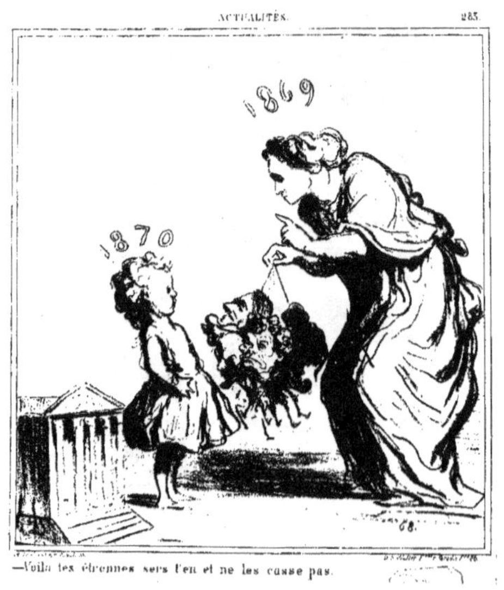

(1870). — 2e *Etat*. (Cat. H. D. 3363)

1er Etat. **Avant** la lettre. Fort rare.

2e — Avec la lettre, mais avant l'accent sur l'**a** du mot : *Voila* et avant le point et virgule, après : étrennes. Très rare. **L'Etat reproduit.** Cabinet des Estampes, Paris, Musée Carnavalet.

3e — Avec un accent sur l'a de : *voilà* et un point et virgule, après : étrennes. Etat publié dans le **Charivari** (n° des 2-3 janvier 1870).

3758. — L'ARÈNE PARLEMENTAIRE

(H. 226 millim. ; L. 215)

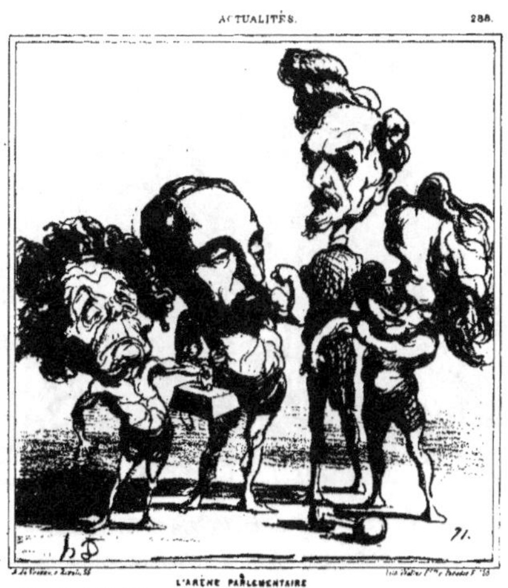

(1870). — 3e *Etat*. (Cat. H. D. 3368 — 2 états décrits).

1er Etat. Avant la lettre. Fort rare.

2e — Avec la lettre, mais avant une légère modification dans la légende et avant la retouche à l'œil gauche. On lit : *S'apprétant*... au lieu de : S'apprêtant. Très rare. Cabinet des Estampes, Paris.

3e — Avec la modification on lit : *S'apprêtant*... (avec un ^). De plus, l'œil gauche est refait. **L'Etat reproduit. Etat publié dans le Charivari** (no du 13 janvier 1870).

3759. — SYSTÈME PROPOSÉ... POUR LES MIEUX ISOLER

(H. 220 millim.; L. 227)

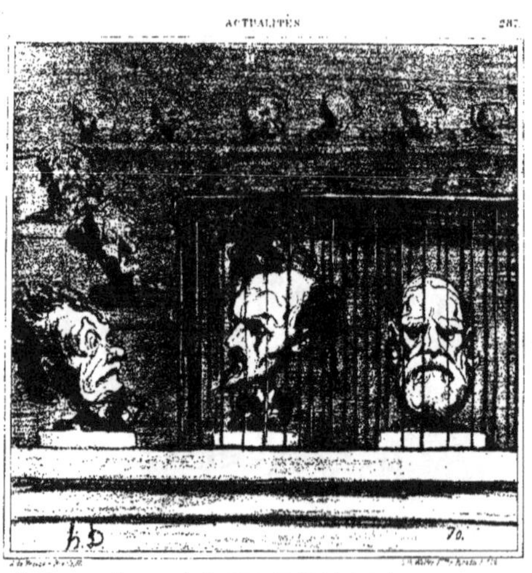

(1870). — 2ᵉ *Etat*. (Cat. H. D. 3367 — 2 états décrits).

1ᵉʳ Etat. Avant la lettre. Fort rare.

2ᵉ — Avec la lettre. L'État reproduit. Etat publié dans le Charivari (nᵒ du 14 janvier 1870).

—

3760. — BASILE, MON AMI, VOTRE MOT VA DE TRAVERS

(H. 239 millim. ; L. 205)

ACTUALITÉS.

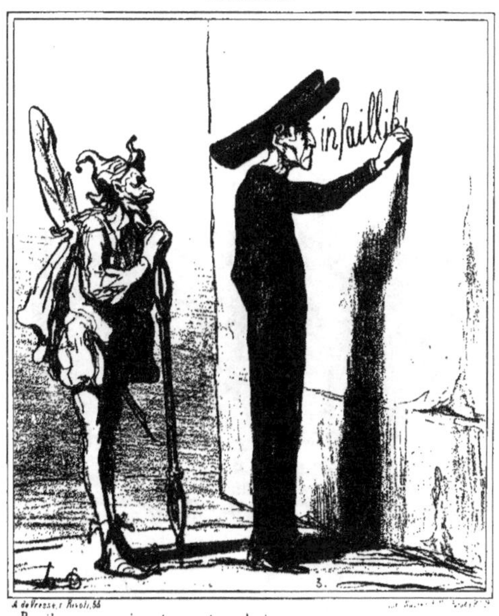

—Basile, mon ami, votre mot va de travers.

(1870). — 2ᵉ *Etat.* (Cat. H. D. 3116 — 2 états décrits).

1ᵉʳ Etat. Avant la lettre. Fort rare.

2ᵉ — Avec la lettre. **L'État reproduit.** Etat publié dans le **Charivari** (nᵒ du 20 janvier 1870).

3761. — POURVU QUE L'AIGUILLEUR NE FASSE RIEN DÉRAILLER !

(H. 231 millim. ; L. 211)

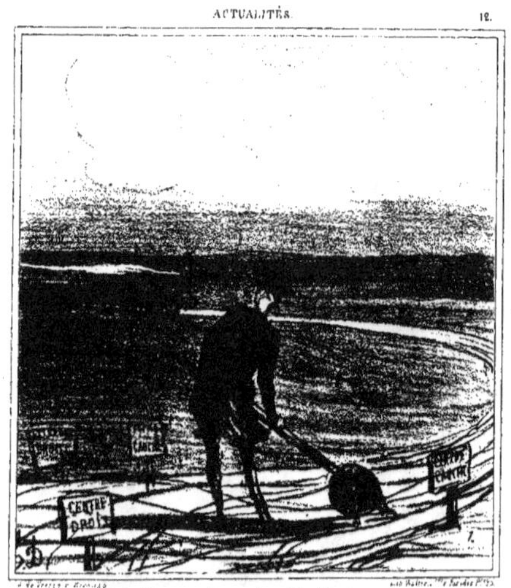

— Pourvu que l'aiguilleur ne fasse rien dérailler!

(1870). — 2e *Etat.* (Cat. H. D. 3115).

1er Etat. Avant la lettre. Fort rare.

2e — Avec la lettre. L'Etat reproduit. Etat publié dans le Charivari (no du 22 janvier 1870).

3762. — RÉGIME PARLEMENTAIRE

(H. 231 millim. : L. 230)

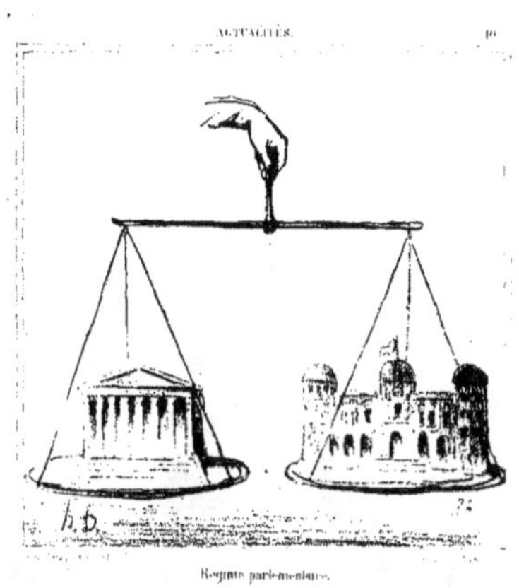

(1870). — 2ᵉ *Etat.* (Cat. H. D. 3111 — 2 états décrits).

1ᵉʳ Etat. Avant la lettre. Fort rare.

2ᵉ — Avec la lettre. L'Etat reproduit. Etat publié dans le Charivari (nᵒ du 1ᵉʳ février 1870).

3763. — A CHOSE MORTE LANGUE MORTE

(H. 244 millim. ; L. 205)

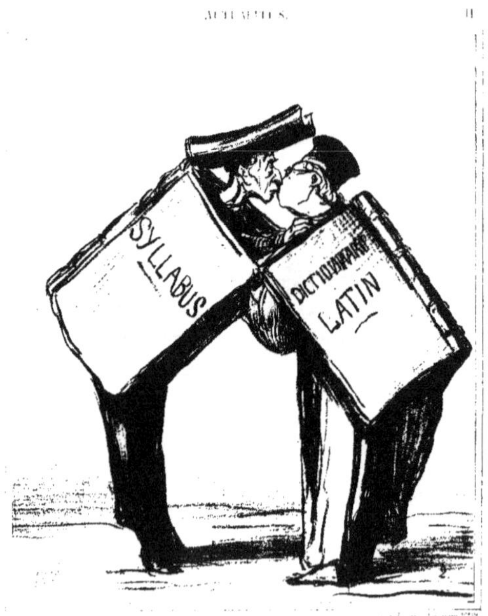

A chose morte langue morte.

(1870). — 2e *Etat.* (Cat. H. D. 3113).

1er — Avant la lettre. Fort rare.

2e — Avec la lettre. L'Etat reproduit. Etat publié dans le Charivari (no du 2 février 1870).

3764. — LE SOUFFLEUR

(H. 219 millim.; L. 204)

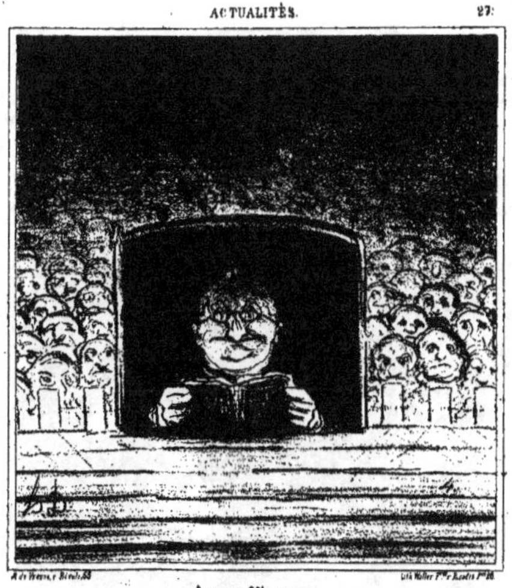

Le souffleur.

(1870). — 2e *Etat*. (Cat. H. D. 3129 — 2 états décrits).

1er Etat. Avant la lettre. Fort rare.

2e — Avec la lettre. L'Etat reproduit. Etat publié dans le Charivari (nº du 7 février 1870).

Cette planche a été reproduite dans : **Daumier, Peintre et Lithographe**, par *R. Escholier* (1923), puis dans **Honoré Daumier, Lithographien**, par *E. Fuchs* (1925).

3765. — PLACE AUX JEUNES!

(H. 235 millim. ; L. 204)

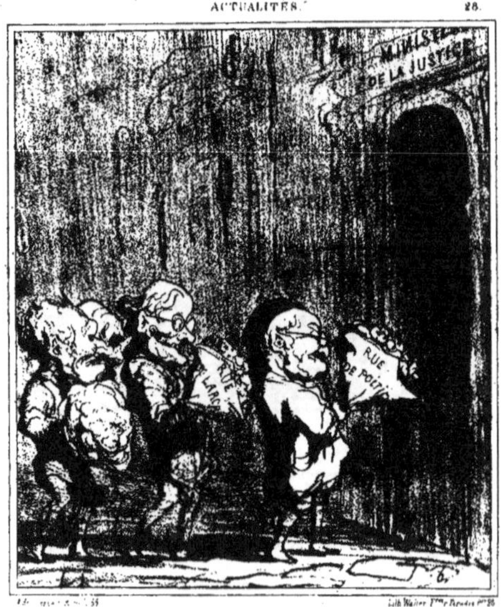

Place aux jeunes!

(1870). — 2ᵉ État. (Cat. H. D. 3130).

1ᵉʳ État. Avant la lettre. Fort rare.

2ᵉ — Avec la lettre. L'État reproduit. État publié dans le Charivari (nᵒ du 9 février 1870).

3766. — LA PLANCHE EST BIEN COURTE!

(H. 238 millim. ; L. 203)

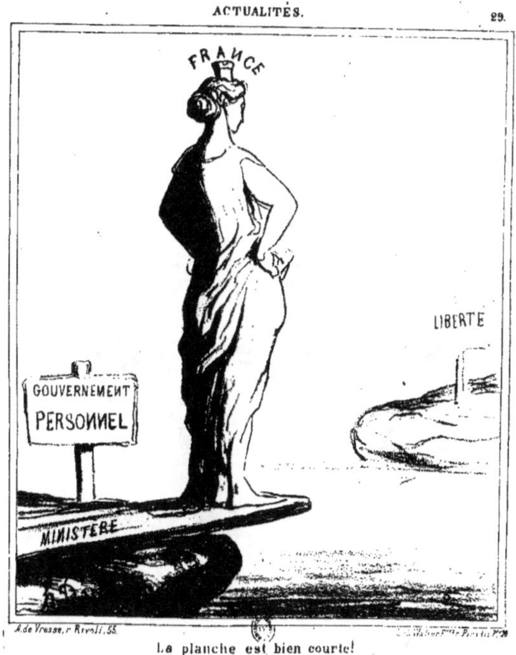

La planche est bien courte!

(1870). — 2e *Etat.* (Cat. H. D. 3132).

1er Etat. Avant la lettre. Fort rare.

2e — Avec la lettre. L'Etat reproduit. Etat publié dans le **Charivari** (n° du 12 février 1870).

3767. — LA NYMPHE ÉGÉRIE ou LA STATUE DU SILENCE

(H 231 millim.; L. 209)

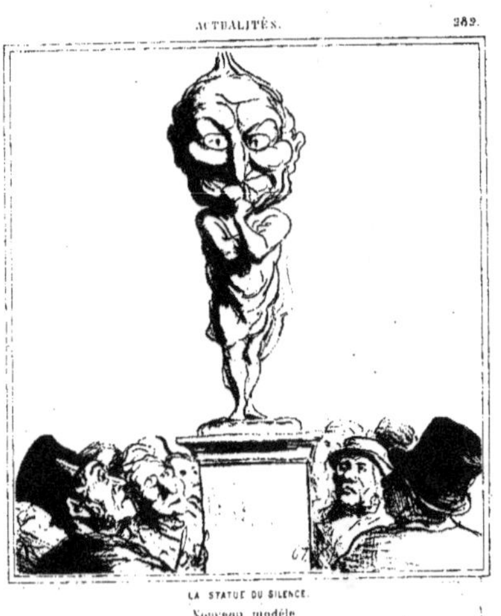

(1870). — 2e *Etat.* (Cat. H. D. 3122 — 3 états décrits).

1er Etat. Avant la lettre. Fort rare.

2e — Avec la lettre. **L'Etat reproduit.** Très rare. Cabinet des Estampes, Paris. Musée Carnavalet.

3e — La légende est modifiée. On lit : LA NYMPHE ÉGÉRIE, au lieu de : LA STATUE DU SILENCE et avec le no : 21, au lieu de : 282. Le reste comme à l'état précédent. État publié dans le **Charivari** (no du 15 février 1870).

3768. — MON RÉVÉREND, AVANT DE PROCLAMER...

(H. 238 millim.; L. 204)

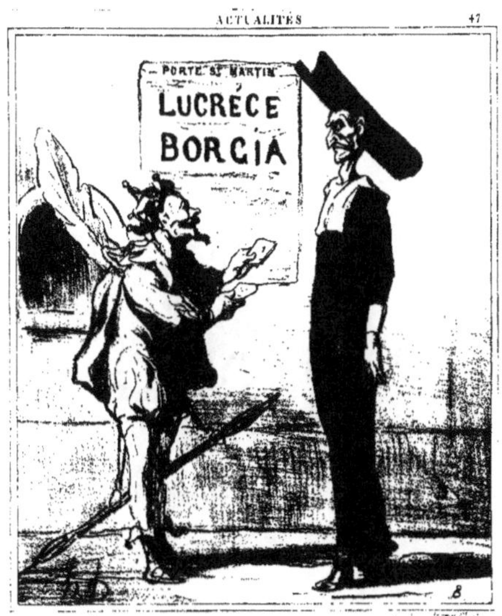

— Mon Révérend, avant de proclamer l'infaillibilité des Papes, prenez moi une contre-marque pour ce qui se joue là-dedans.

(1870). — *3ᵉ Etat.* (Cat. H. D. 3151).

1ᵉʳ Etat. Avant la lettre. Fort rare.

2ᵉ — Avec la lettre, mais on lit : l'in*ff*aillibilité (avec 2 f.). De plus les mots : *PORTE St-MARTIN*, sont au crayon au lieu d'être indiqués à la plume, et les mots : LUCRÈCE BORGIA, sont tracés en caractères moins épais. Très rare. Cabinet des Estampes, Paris.

3ᵉ — Avec la correction. On lit : l'*infaillibilité* (avec un seul f), et les modifications indiquées ci-dessus. **L'état reproduit.** Etat publié dans le **Charivari** (nᵒ du 5 mars 1870).

3769. — LA PERCHE

(H. 238 millim. : L. 200)

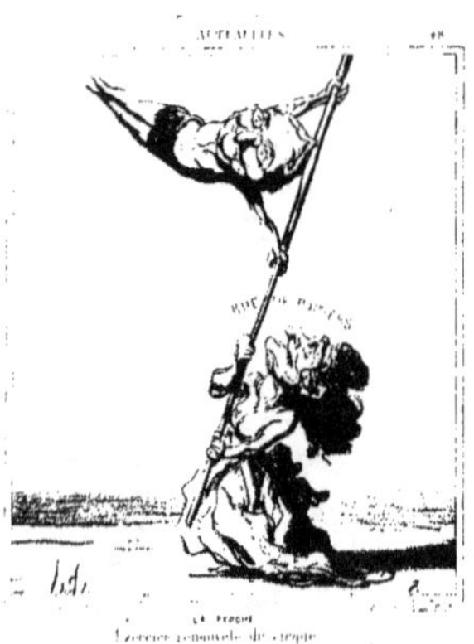

(1870). - 2e *Etat.* (Cat. H. D. 3153 - 2 états décrits).

1er Etat. Avant la lettre. Fort rare.

2e — Avec la lettre. L'Etat reproduit. Etat publié dans le Charivari (n[o] du 9 mars 1870).

3770. — COUCOU! LE REVOILA!..

(H. 225 millim.; L. 209)

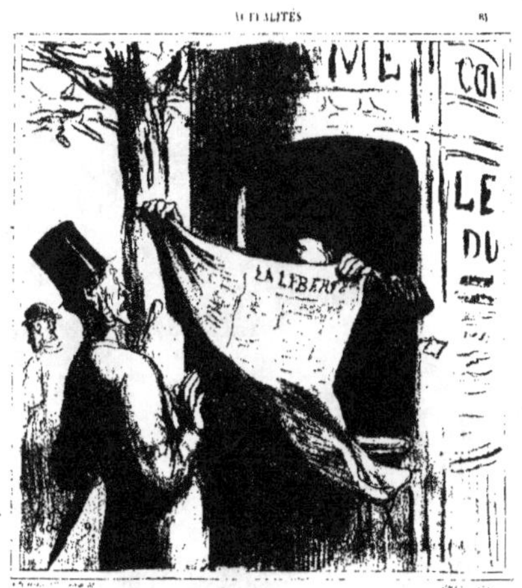

(1870). — 2ᵉ *Etat*. (Cat. H. D. 3106 — 2 états décrits).

1ᵉʳ Etat. Avant la lettre. Fort rare.

2ᵉ — Avec la lettre. **L'Etat reproduit.** Etat publié dans le **Charivari** (nᵒ du 12 mars 1870).

3771. — CRÉVERA! CRÉVERA PAS!

(H. 236 millim. ; L. 204)

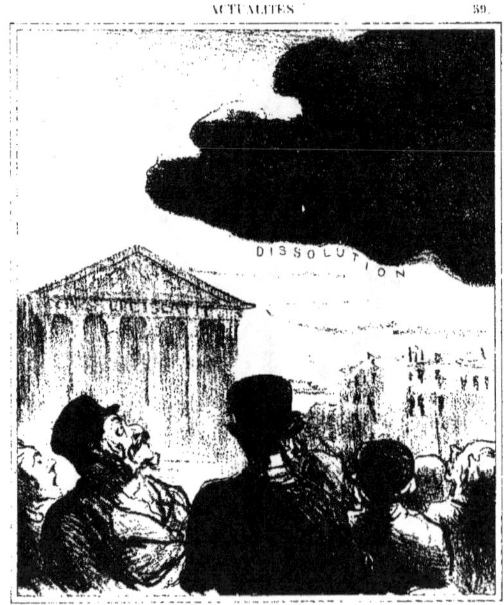

Crèvera! Crèvera pas!

(1870) — 2e *État*. (Cat. H. D. 3164).

1er État. Avant la lettre. Fort rare.

2e Avec la lettre. **L'Etat reproduit.** Etat publié dans le **Charivari** (nº du 12 mars 1870).

3772. — EST-CE QUE VOUS ALLEZ OUVRIR LA PORTE DE LA CAGE. .

(H. 236 millim. ; L. 203)

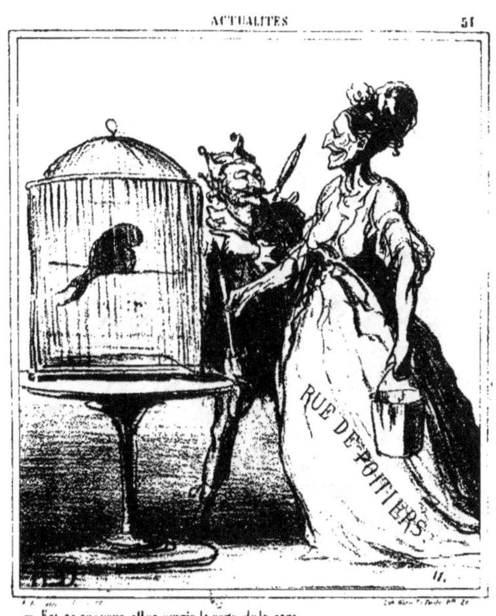

(1870). — 3ᵉ *Etat.* (Cat. H. D. 3159 — 2 états décrits).

1ᵉʳ Etat. Avant la lettre et avant les mots : RUE DE POITIERS, sur la robe de la femme. Fort rare.

2ᵉ — Avec la lettre, mais encore avant les mots : RUE DE POITIERS. Très rare. Cabinet des Estampes, Paris.

3ᵉ — Avec les mots : RUE DE POITIERS, ajoutés sur la robe de la femme. **L'Etat reproduit.** Etat publié dans le **Charivari** (nᵒ du 22 mars 1870).

3773. — LA DÉCLARATION DE DAMOCLÈS

(H. 228 millim.; L. 203)

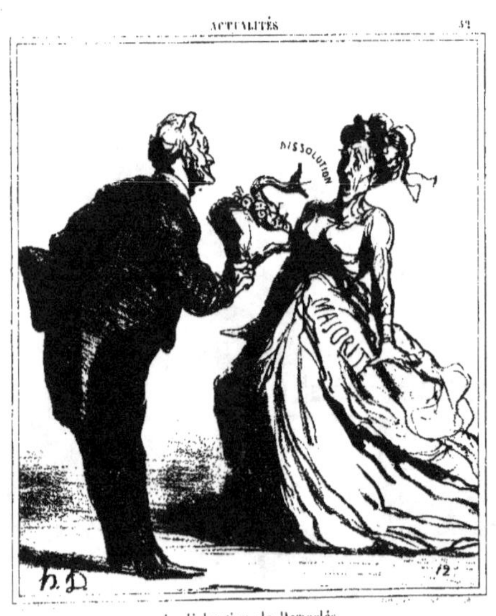

La déclaration de Damoclès

(1870). — 2e État. (Cat. H. D. 3161 — 2 états décrits)

1er État. Avant la lettre. Fort rare.

2e Avec la lettre. L'État reproduit. État publié dans le Charivari (nº du 25 mars 1870).

3774. — D'APRÈS FLORIAN

(H. 230 millim. ; L. 204)

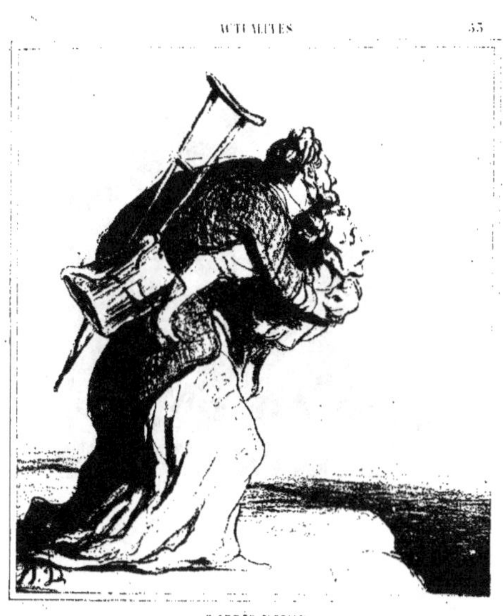

D'APRÈS FLORIAN

Je marcherais pour vous et vous verrez pour moi

(1870). — 2e *Etat*. (Cat. H. D. 3162 — 2 états décrits).

1er Etat. Avant la lettre. Fort rare.

2e — Avec la lettre, mais avant la correction dans la légende. On lit : *Je marcherais*... **L'Etat reproduit.** Très rare. Cabinet des Estampes, Paris.

3e — Avec la correction dans la légende. On lit : *Je marcherai*... Etat publié dans le **Charivari** (no du 29 mars 1870).

3775. — LES FUNÉRAILLES DE LA CANDIDATURE OFFICIELLE

(H. 253 millim. ; L. 224)

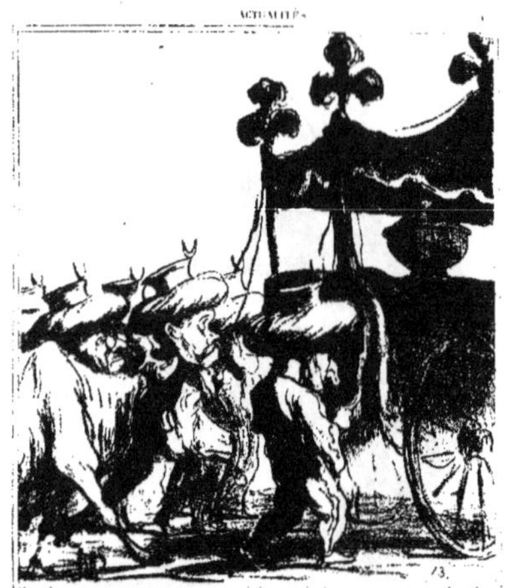

(1870) (Cat. H. D. 3179)

Lithographie publiée dans le **Charivari** (n° du 31 mars 1870).

3776. — GARE LA LUMIÈRE !

(H. 237 millim. ; L. 204)

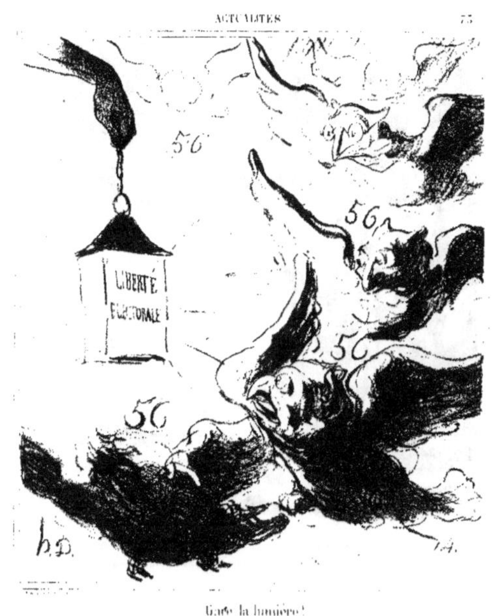

Gare la lumière !

(1870). — 2ᵉ *Etat.* (Cat. H. D. 3178).

1ᵉʳ Etat. Avant la lettre. Fort rare.

2ᵉ — Avec la lettre. **L'Etat reproduit.** Etat publié dans le **Charivari** (nᵒ du 5 avril 1870).

3777. — LES 56 OU LES TRAPPISTES DE LA POLITIQUE...

(L. 232 millim. ; H. 214)

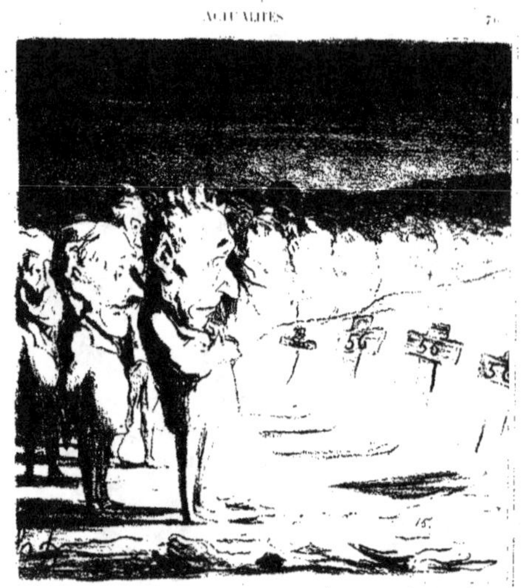

Les 56 ou les trappistes de la politique

[illegible] d'être obligé de siéger en face de la tombe !..

(1870). 2e *Etat*. Cat. H. D. 3 80. — 2 états décrits.

1er Etat. Avant la lettre. Fort rare.

2e — Avec la lettre, mais avant une légère modification dans la légende. On lit : de *la* tombe !.., Avec le *n° 70*, au lieu du n° : 80. **L'Etat reproduit**. Très rare. Cabinet des Estampes, Paris. Musée Carnavalet, Paris.

3e — Avec une modification dans la légende. On lit : de *sa* tombe ! et avec le n° : 80. Etat publié dans le **Charivari** (n° du 8 avril 1870).

3778. — DIS DONC NOUS SOMMES PLUS AVANCÉS...

(H. 237 millim. ; L. 212)

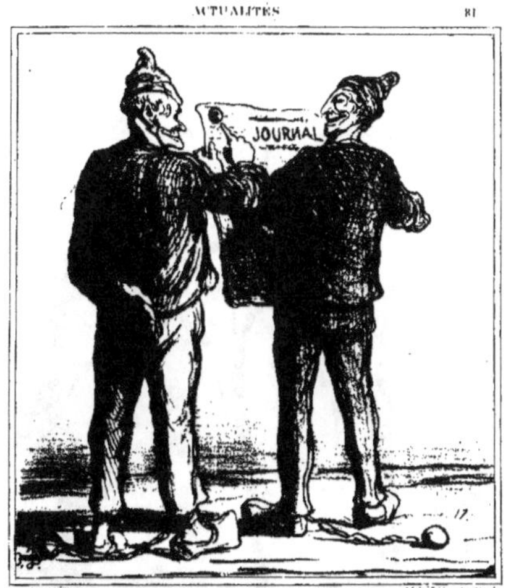

(1870). — 2e *Etat*. (Cat. H. D. 3777).

1er Etat. Avant la lettre. Fort rare.

2e — Avec la lettre. L'Etat reproduit. Etat publié dans le Charivari (n° du 12 avril 1870).

3779. — ÇA PRENDRA-T-IL!

(H. 237 millim. ; L. 204)

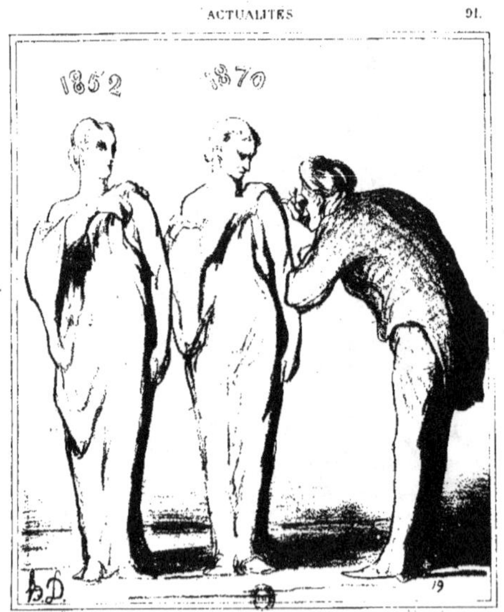

Ça prendra-t-il!

(1870). — 2e *Etat*. (Cat. H. D. 3197).

1er Etat. Avant la lettre. Fort rare.

2e — Avec la lettre. L'Etat reproduit. Etat publié dans le Charivari (n° du 25 avril 1870).

3780. — M'SIEU L'MAIRE QUOI... C'EST QU'UN BIBISCITE ?...

(H. 238 millim. : L. 201)

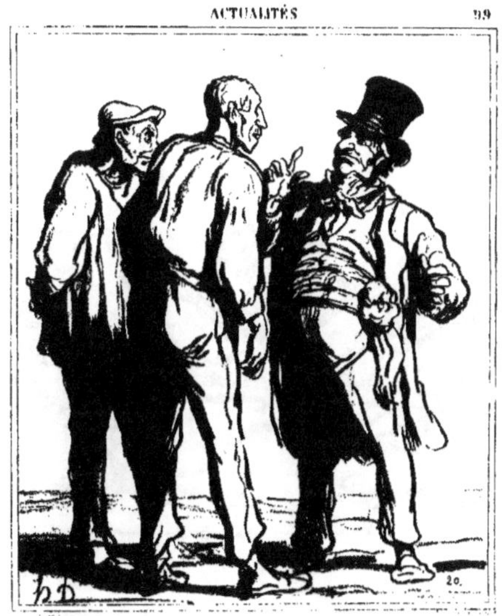

(1870). — 2ᵉ *Etat*. (Cat. H. D. 3206 — 2 états décrits).

1ᵉʳ Etat. Avant la lettre. Fort rare.

2ᵉ — Avec la lettre. **L'Etat reproduit.** Etat publié dans le **Charivari** (nᵒ du 30 avril 1870).

3781. — AH ! QUEL PLAISIR D'ÊTRE ELECTEUR!

(H. 233 millim. ; L. 225)

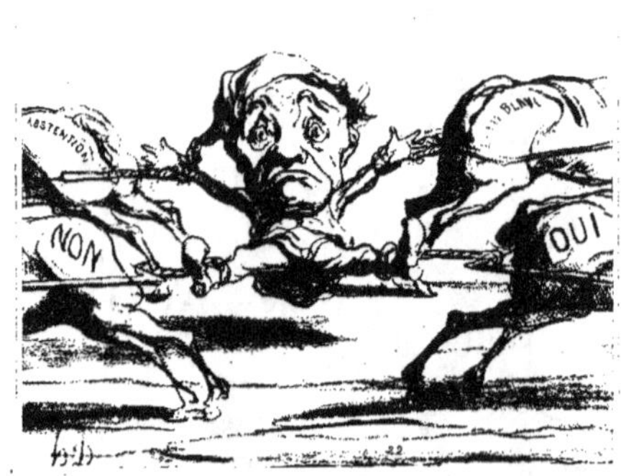

(1870). 2e *Etat.* (Cat. H. D. 3209 — 2 états décrits).

1er État. Avant la lettre. Fort rare.

2e — Avec la lettre. L'Etat reproduit. Etat publié dans le Charivari (n° du 5 mai 1870).

3782. — ET ILS VEULENT RATTRAPER LE TRAIN !!!

(H. 238 millim. ; L. 209)

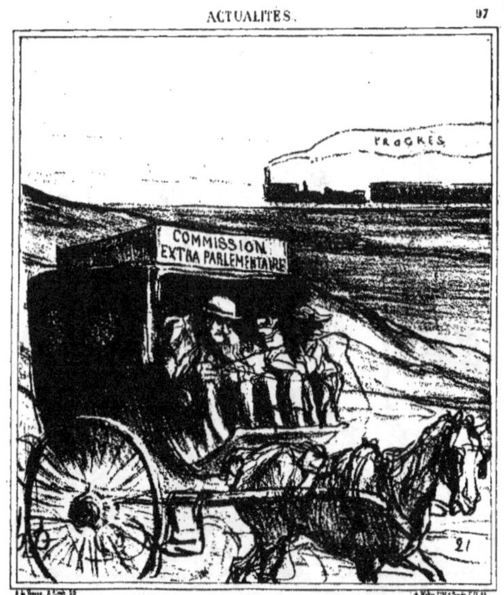

(1870). — 2e *État*. (Cat. H. D. 3203).

1er État. Avant la lettre. Fort rare.

2e — Avec la lettre. L'État reproduit. État publié dans le Charivari (n° du 6 mai 1870).

3783. — LA NOUVELLE ASSOMPTION. ÉDITION DE 1870

(H. 242 millim. : L. 210)

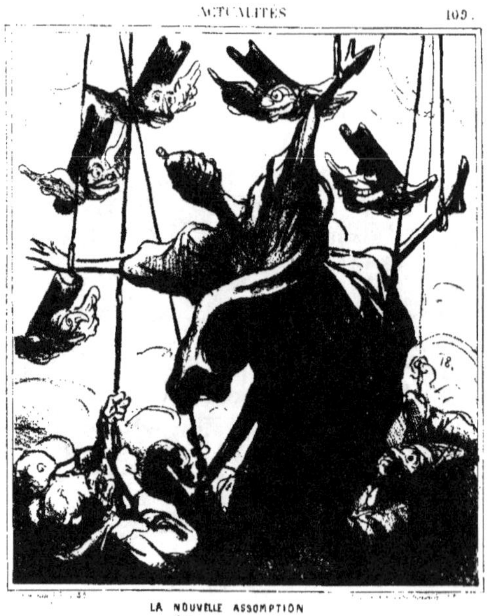

LA NOUVELLE ASSOMPTION
Édition de 1870.

(1870). — 3e *Etat.* (Cat. H. D. 3222 — 3 états décrits).

1er Etat. Avant la lettre. Fort rare.

2e — Avec la lettre, mais avant une modification dans la légende. On lit : *Nouvelle* édition de 1870. Fort rare. Cabinet des Estampes, Paris.

3e — Avec une modification dans la légende. Le mot : *Nouvelle* est enlevé. **L'Etat reproduit.** État publié dans le **Charivari** (n° du 18 mai 1870).

3784. — MA CHÈRE FRANCE...

(H. 237 millim. ; L. 203)

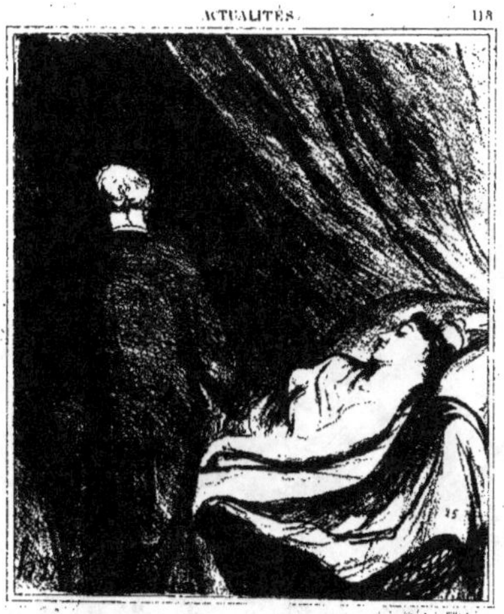

(1870). — 2ᵉ *Etat.* (Cat. H. D. 3229 — 2 états décrits).

1ᵉʳ Etat. **Avant la lettre. Fort rare.**

2ᵉ — Avec la lettre, mais avant l'accent circonflexe sur l'a, dans le mot : tachez. Très rare. **L'Etat reproduit.** Cabinet des Estampes, Paris, Musée Carnavalet, Paris.

3ᵉ — Avec l'accent circonflexe sur l'a, de tachez. On lit alors : *tâchez*... Etat publié dans le **Charivari** (nᵒ du 23 mai 1870).

Cette planche a été reproduite : dans **Honoré Daumier, lithographien**, par *E. Fuchs* ; cette reproduction, porte au B. à D. les lettres A. L. M. (A. Langen, Munich).

3785. — CE QU'ON APPELLE UNE SESSION BIEN REMPLIE

(H. 244 millim. ; L. 218)

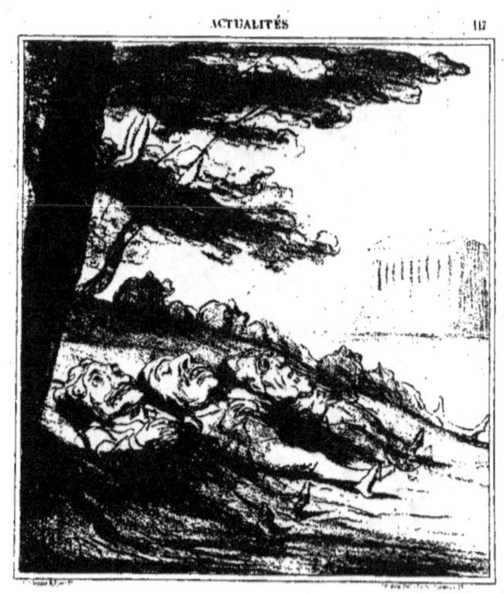

Ce qu'on appelle une session bien remplie.

(1870). — 2e *Etat* (Cat. H. D. 3227)

1er Etat. **Avant** la lettre. Fort rare.

2e — Avec la lettre. **L'Etat reproduit.** Etat publié dans le **Charivari** (n° du 25 mai 1870).

3786. — MADAME PRUD'HOMME, J'AI APPRIS...

(H. 242 millim.; L. 212)

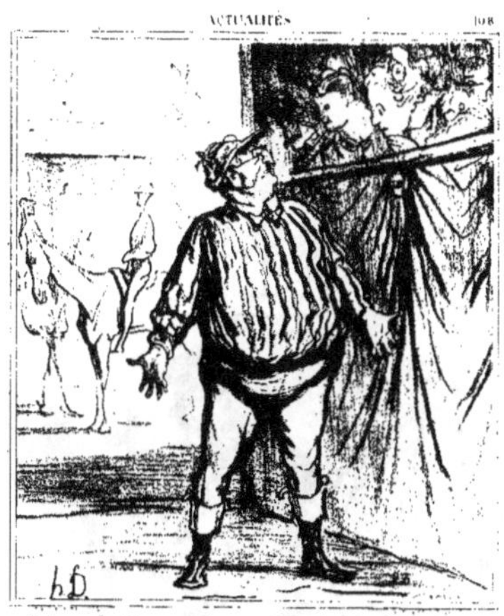

(1870). — 3ᵉ *Etat*. (Cat. H. D. 3786).

1ᵉʳ Etat. **Avant la lettre. Fort rare.**

2ᵉ — **Avec la lettre,** mais avant une légère modification dans la légende. On lit : *p*rud'homme, au lieu de *P*rud'homme. **Très rare.** Cabinet des Estampes, Paris.

3ᵉ — Avec la modification dans la légende. On lit : *P*rud'homme (avec majuscule). **L'Etat reproduit. Etat publié dans le Charivari** (nᵒ du 1ᵉʳ juin 1870).

3787. — C'EST L'APOLLON DU NOUVEL OPÉRA

(H. 250 millim. ; L. 215)

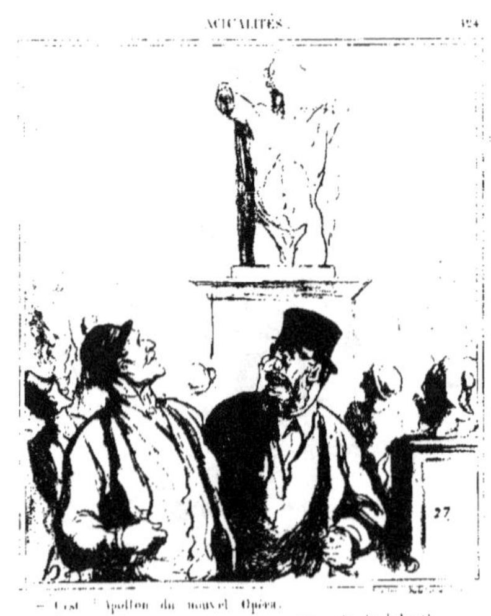

(1870). — 3e *Etat*. (Cat. H. D. 3232 — 2 états décrits).

1er Etat. Avant la lettre. Fort rare.

2e — Avec la lettre, mais avant une légere modification dans la légende. On lit : *liberté*, au lieu de : *Liberté*. Tres rare. Cabinet des Estampes Paris. Musée Carnavalet.

3e — Avec la modification. On lit : Liberté (avec un l majuscule). **L'Etat reproduit.** Etat publié dans le Charivari (no du 4 juin 1870).

3788. — SONT-ILS BÊTES DE S'EXPOSER LA-BAS...

(H. 239 millim ; L. 207)

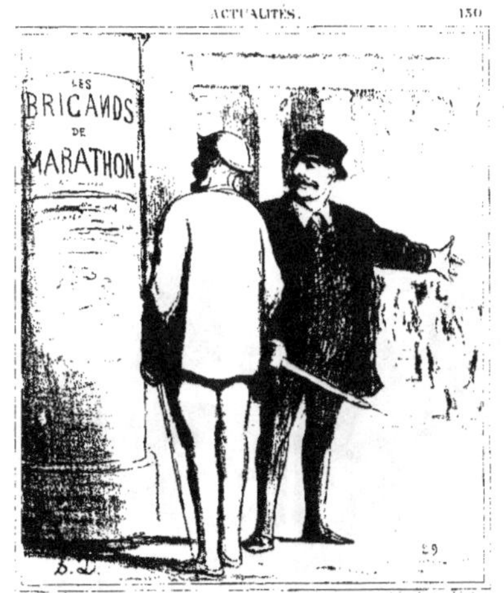

— Sont-ils bêtes de s'exposer là bas, quand en venant travailler ici !..

(1870). — 2ᵉ *Etat* (Cat. H. D. 3785 — 2 états décrits).

1ᵉʳ Etat. Avant la lettre. Fort rare.

2ᵉ — Avec la lettre. L'Etat reproduit. Etat publié dans le Charivari (nᵒ du 8 juin 1870).

3789. — EMBÊTANT TOUT DE MÊME PATRON...

(H. 242 mill. ; L. 209)

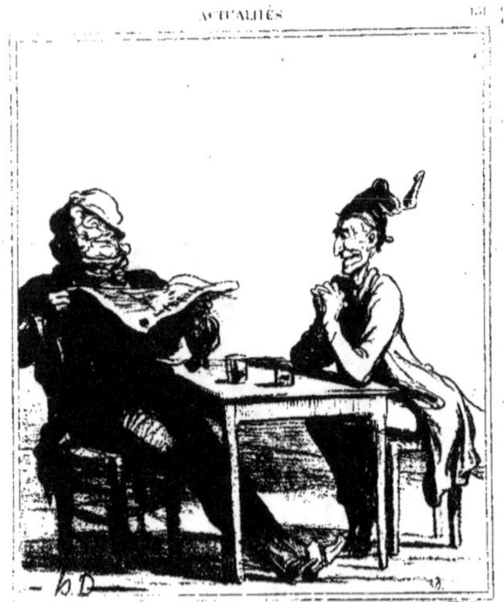

(1870). — 2e *Etat.* (Cat. H. D. 3239 — 2 états décrits).

1er Etat. Avant la lettre. Fort rare.

2e — Avec la lettre. L'Etat reproduit. Etat publié dans le Charivari (no du 10 juin 1870).

3790. — VA-T-ELLE ÊTRE ASSEZ SOULAGÉE!...

(H. 234 millim. ; L. 213)

ACTUALITÉS. 137

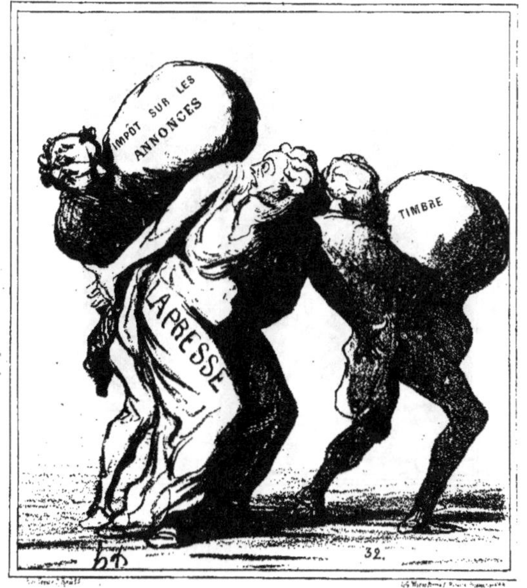

Va t-elle être assez soulagée!..

(1870). — 2e *Etat.* (Cat. H. D. 3244 — 2 états décrits).

1er Etat. Avant la lettre. Fort rare.

2e — Avec la lettre. L'Etat reproduit. Etat publié dans le Charivari (n° du 17 juin 1870).

3791. — L'APPEL NOMINAL AU CORPS LÉGISLATIF

(H. 247 millim. ; L. 208)

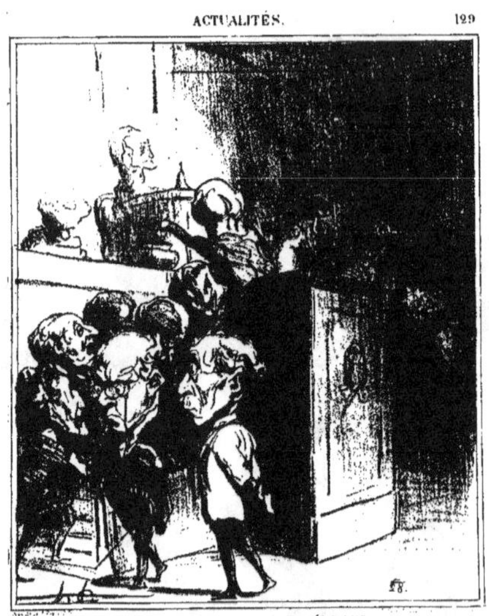

L'APPEL NOMINAL AU CORPS LÉGISLATIF

—Tais toi, mon cœur!... Monte à la tribune pour la première fois!

(1870). — 2ᵉ *Etat.* (Cat. H. D. 3236 — 2 états décrits).

1ᵉʳ Etat. Avant la lettre. Fort rare.

2ᵉ — Avec la lettre. L'Etat reproduit. Etat publié dans le Charivari (nᵒ du 21 juin 1870).

3792. — LES ARÈNES LÉGISLATIVES

(H. 236 millim.; L. 210)

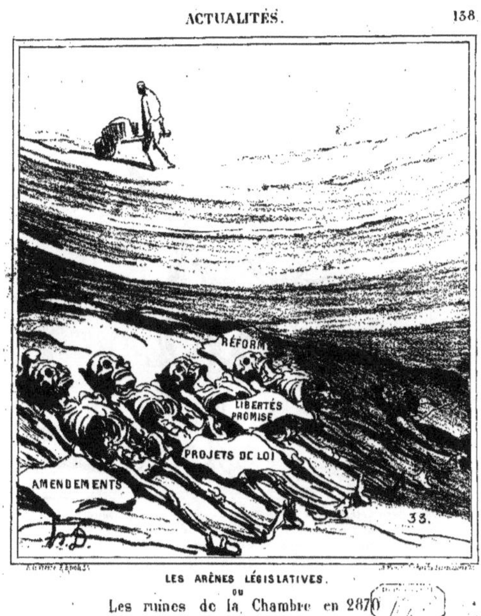

(1870). (Cat. H. D. 3245).

Lithographie publiée dans le Charivari (n° du 27 juin 1870)

3793. — LE PETIT FRÈRE! SI TU CONTINUES... A GRANDIR...

(H. 244 millim.; L. 208)

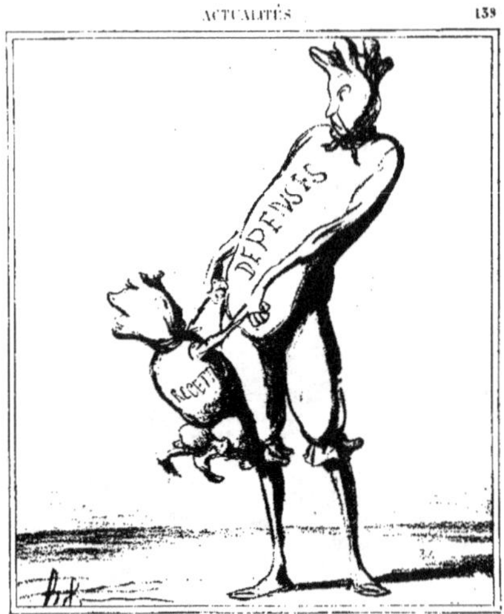

LE PETIT FRÈRE! — Si tu continues toujours à grandir il faudra renoncer à nos tours d'équilibre.

(1870). — 2e *État.* (Cat. H. D. 3247 — 2 états décrits).

1er État. Avant la lettre. Fort rare.

2e — Avec la lettre. L'État reproduit. État publié dans le Charivari (no du 29 juin 1870).

3794. — LE CORPS LÉGISLATIF S'OPPOSE AU RACHAT...

(H. 243 millim : L. 209)

ACTUALITÉS

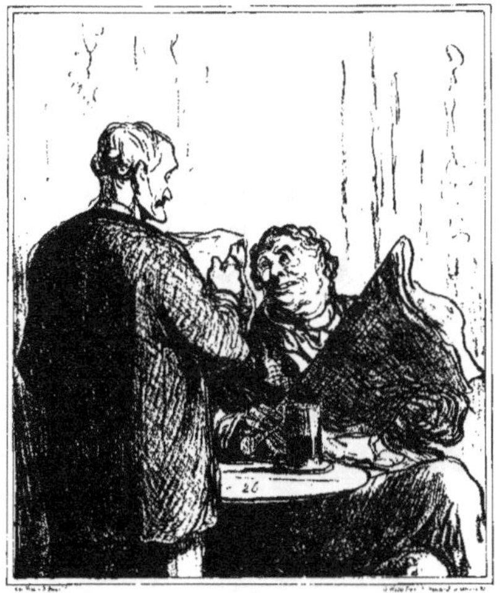

— Le Corps Législatif s'oppose au rachat des arènes de la rue Monge et veut réduire le traitement des sénateurs L'antiquité est décidément en baisse.

(1870). — 2e *Etat*. (Cat. H. D. 3788 — 2 états décrits).

1er Etat. Avant la lettre. Fort rare.

2e — Avec la lettre. L'Etat reproduit. Etat publié dans le Charivari (n° du 14 juillet 1870).

3795. — VICTIME DE LA SÉCHERESSE

(H. 241 millim. ; L. 221)

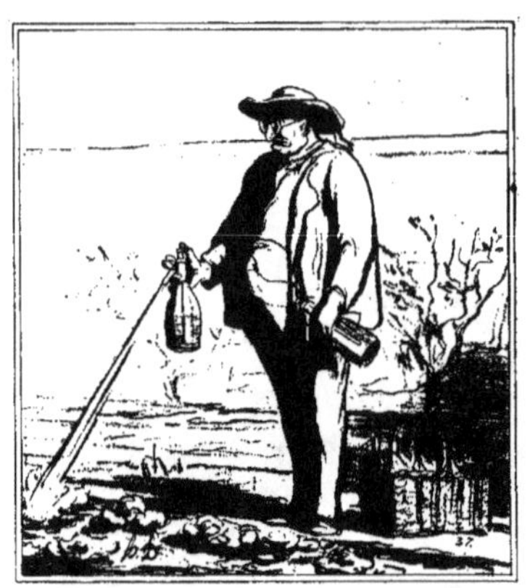

(1870). — *1er Etat.* (Cat. H. D. 3819 — 2 états décrits).

1er Etat. Avant la lettre. Fort rare. **L'Etat reproduit.**

2e — Avec la lettre. Etat publié dans **le Charivari** (n° du 16 juillet 1870).

3796. — PAUVRES COMMISSIONS EXTRA-PARLEMENTAIRES...

(H. 259 millim. ; L. 222)

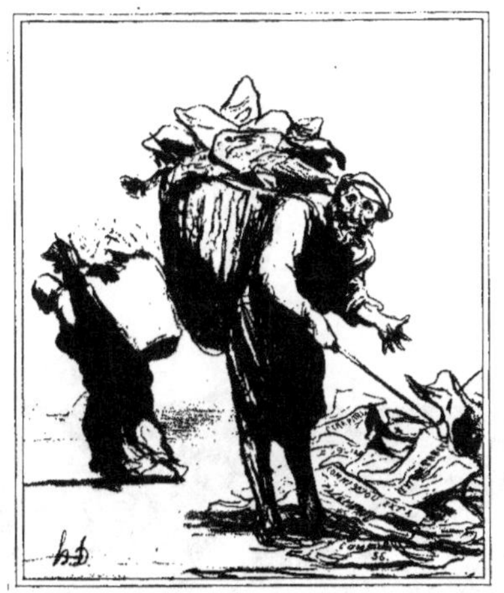

(1870). — *1er Etat.* (Cat. H. D. 3409 — 2 états décrits).

1er Etat. **Avant la lettre. Fort rare. L'Etat reproduit.**

2e — Avec la lettre. Etat publié dans le **Charivari** (n° du 28 juillet 1870).

3797. — CONCOURS DU CONSERVATOIRE.

(H. 237 millim. ; L. 223).

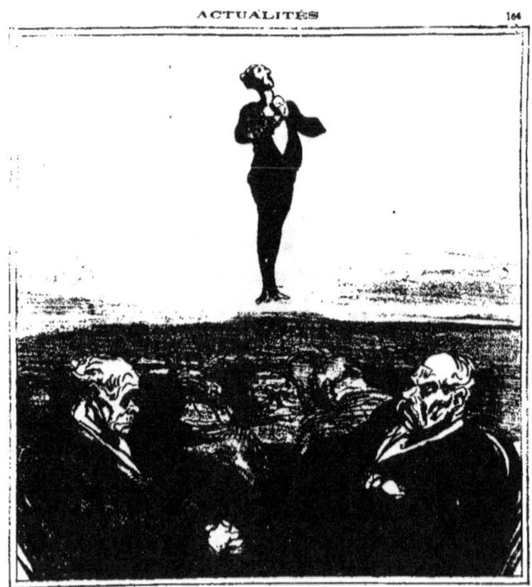

(1870). — 2e *Etat*. (Cat. H. D. 3820. — 2 états décrits).

1er Etat. Avant la lettre. Fort rare.

2e — Avec la lettre. L'Etat reproduit. Etat publié dans le **Charivari** (no du 1er août (numéroté par erreur 1er avril) 1870.)

3798. — MON CHAMP SACCAGÉ...

(H. 250 millim. ; L. 226)

ACTUALITÉS 160

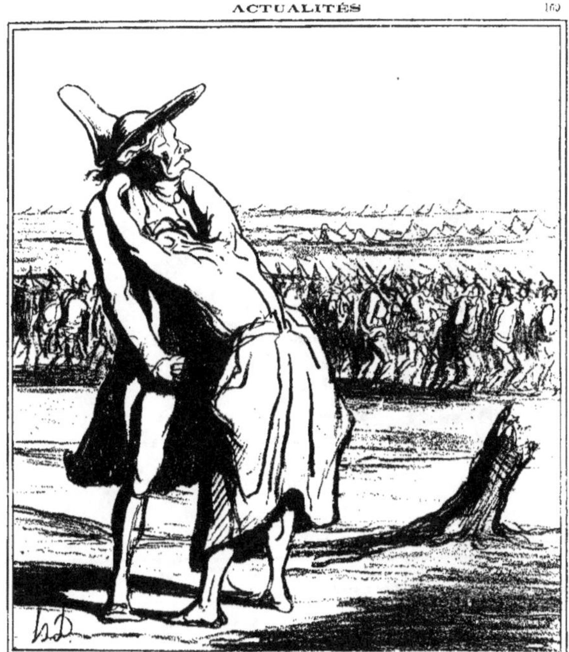

— Mon champ saccagé... mon cheval emmené.. mon argent volé... C'est cela qu'ils appellent le patriotisme !...

(1870). — 2ᵉ *Etat.* (Cat. H. D. 3410 — 2 états décrits).

1ᵉʳ Etat. Avant la lettre. Fort rare.

2ᵉ — Avec la lettre. **L'Etat reproduit**. Etat publié dans le **Charivari** (nᵒ du 5 août 1870).

VENTE : Anonyme (20 juin 1921), 1ᵉʳ état, avec 2 autres pièces, 500 fr.

3799. — LE PRINCE HOHENZOLLERN ..

(H. 251 millim. ; L. 220

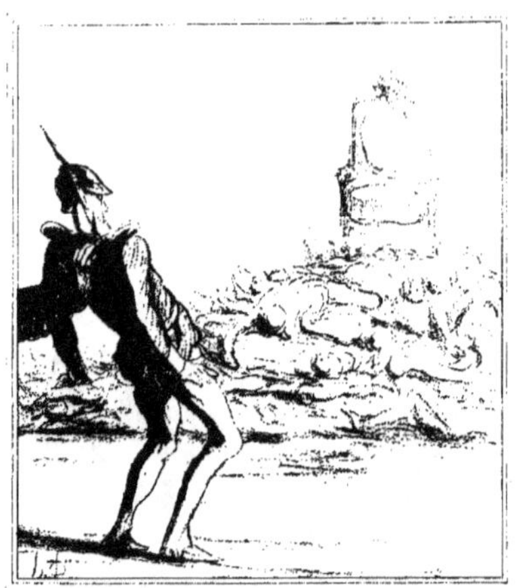

(1870) — *1er Etat.* (Cat. H. D. 3411 — 2 états décrits).

1er Etat. Avant la lettre. Fort rare. L'Etat reproduit.

2e — Avec la lettre. Etat publié dans le Charivari (n° du 8 août 1870).

3800 — QUE DIABLE EST-CE QU'ILS FONT LA-HAUT !

(H. 237 millim. ; L. 225)

ACTUALITÉS 177

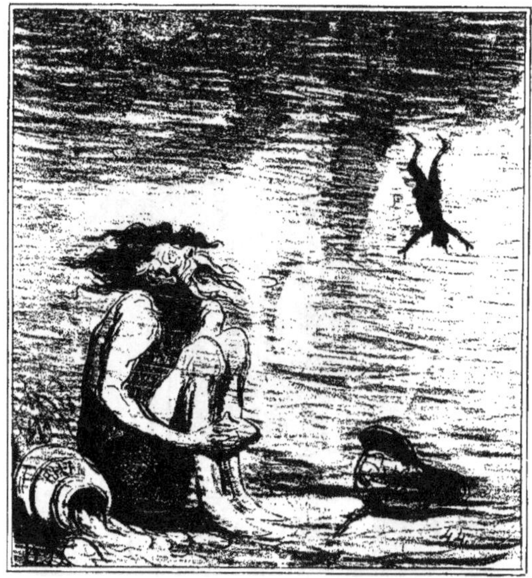

— Que diable est-ce qu'ils font là haut !

(1870). — 2ᵉ *Etat*. (Cat. H. D. 3412 — 2 états décrits).

1ᵉʳ Etat. Avant la lettre. Fort rare.

2ᵉ — Avec la lettre. L'Etat reproduit. Etat publié dans le Charivari (nᵒ du 14 août 1870).

3801. — PROJET... POUR DÉSARMER LES ENNEMIS DE... VOLTAIRE

(H. 242 millim. ; L. 221).

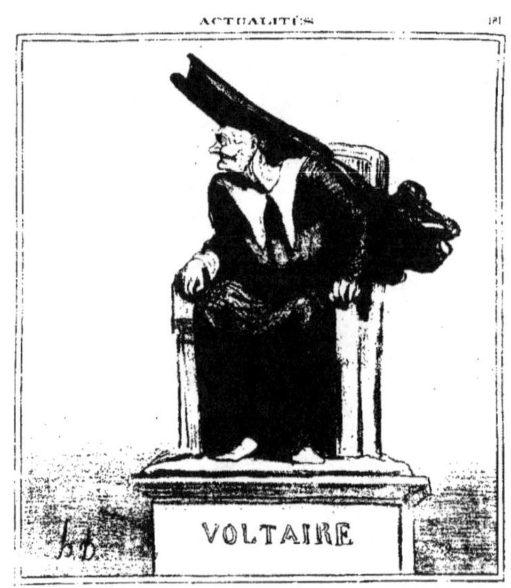

Projet de costume pour désarmer les ennemis de la statue de Voltaire.

(1870). 2e *Etat* (Cat. H. D. 3413).

1er Etat. Avant la lettre. Fort rare.

2e — Avec la lettre. **L'Etat reproduit.** Etat publié dans le **Charivari** (n° du 19 août 1870).

3802. — UN CAUCHEMAR DE M. BISMARCK

(H. 240 millim. ; L. 223)

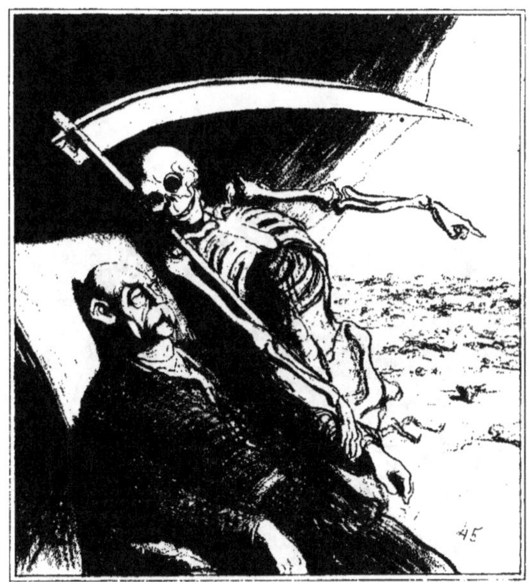

(1870). — *1er État.* (Cat. H. D. 3414 — 2 états décrits).

1er État. Avant la lettre. Fort rare. L'État reproduit.

2e — Avec la lettre. État publié dans le Charivari (n° du 22 août 1870).

Cette pièce a été reproduite dans **Daumier**, par *L. Rosenthal* 1912)

VENTE : G. Pochet (1902), 1er état, 12 fr.

3803. — L'APPEL DE LEURS RÉSERVES

(H. 243 millim.; L. 219)

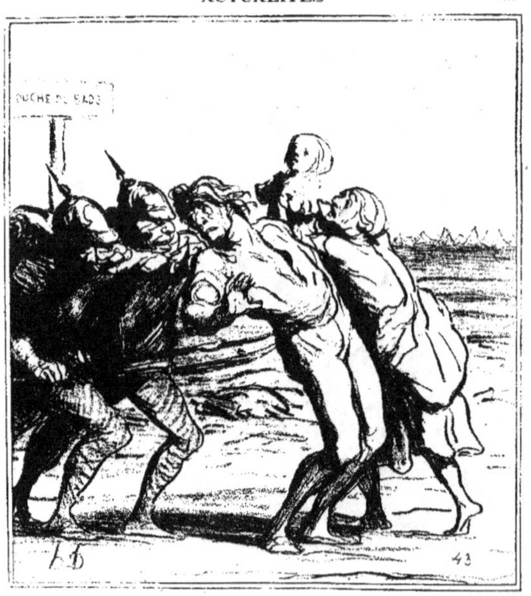

L'appel de leurs réserves.

(1870). — 2e *État*. (Cat. H. D. 3416 — 2 états décrits).

1er État. Avant la lettre. Fort rare.

2e — Avec la lettre. L'État reproduit. État publié dans le **Charivari** (n° du 31 août 1870).

VENTE : Anonyme (20 juin 1921), 1er état, avec 2 autres pl. 500 fr.

3804. — CEUX QUI VONT MOURIR TE SALUENT !

(H. 254 millim. ; L. 220)

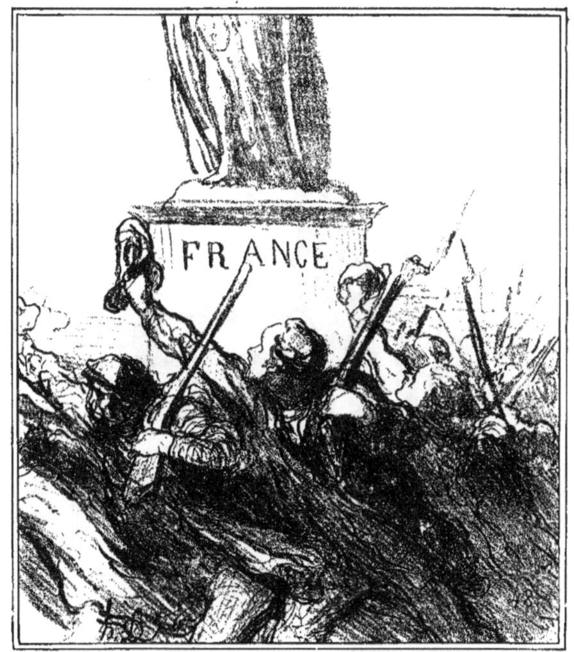

Ceux qui vont mourir te saluent !

(1870). — 2e *Etat*. (Cat. H. D. 3417 — 2 états décrits).

1er Etat. Avant la lettre. Fort rare.

2e — Avec la lettre. L'**Etat reproduit**. Etat publié dans le **Charivari** (n° du 2 septembre 1870).

Cette planche a été reproduite dans **Daumier, Peintre et Lithographe**, par *R. Escholier* (1923).

3805. — PAUVRE VIEUX! T'ES COMME MOI...

(H. 252 millim. : L. 215)

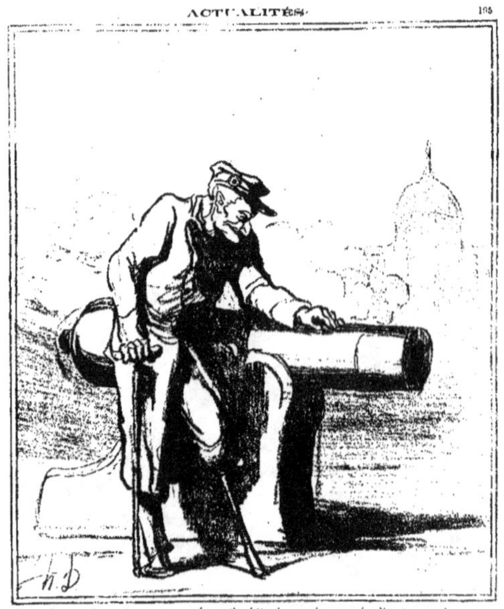

— Pauvre vieux, t'es comme moi, ça t'embête de ne plus pouvoir dire ton mot!

(1870). — 2e *Etat.* (Cat. H. D. 3418 — 2 états décrits).

1er Etat. Avant la lettre. Fort rare.

2e — Avec la lettre. **L'Etat reproduit.** Etat publié dans le **Charivari** (no du 5 septembre 1870).

3806. — LA SUITE AU PROCHAIN NUMÉRO !

(H. 271 millim. ; L. 224)

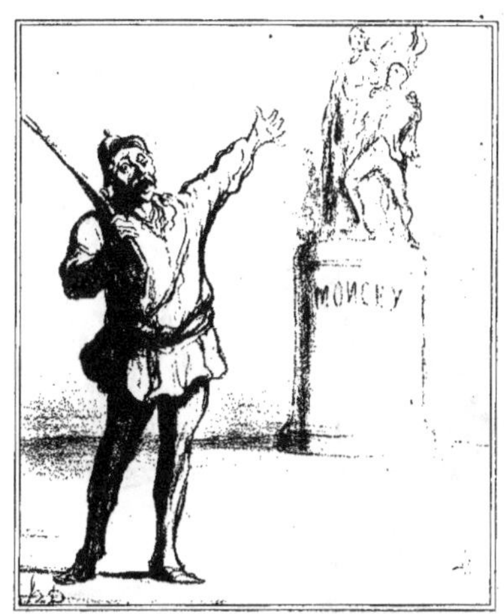

(1870). — *1er Etat.* (Cat. H. D. 3374. — 2 états décrits).

1er Etat. Avant la lettre. Fort rare. L'Etat reproduit.

2e — Avec la lettre. Etat publié dans le **Charivari** (n° du 7 septembre 1870).

3807. — CHACUN SON TOUR

(H. 261 millim. ; L. 216).

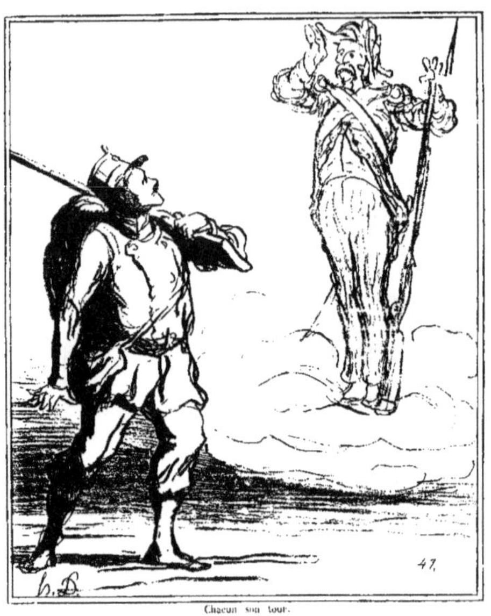

Chacun son tour.

(1870). — 2e *Etat*. Cat. H. D. 3375 — 2 états décrits).

1er État. Avant la lettre. Fort rare.

2e Avec la lettre. L'Etat reproduit. Etat publié dans le **Charivari** (n° du 7 septembre 1870).

3808. — HISTOIRE D'UN RÈGNE

(H. 267 millim. ; L. 226)

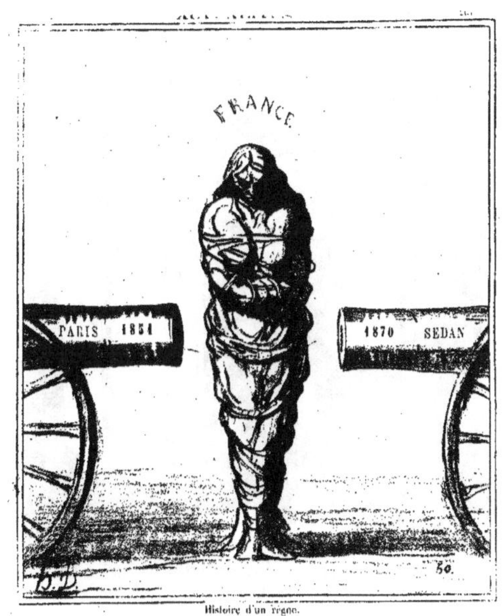

Histoire d'un règne.

(1870). — 2e *Etat*. (Cat. H. D. 3420 — 2 états décrits).

1er État. Avant la lettre et avant les mots : *Paris 1851* et *Sedan 1870*, sur les bouches d'un canon. On lit seulement, tracé au crayon lithographique : *2 décembre 1870*. Fort rare.

2e — Avec la lettre. L'Etat reproduit. Etat publié dans le Charivari (no du 12 septembre 1870).

VENTE : Anonyme (6-7 mai 1920), 1er état, 200 fr.

3809. — MONSIEUR SERA TRÈS BIEN ICI.....

(H. 266 millim. ; L. 222)

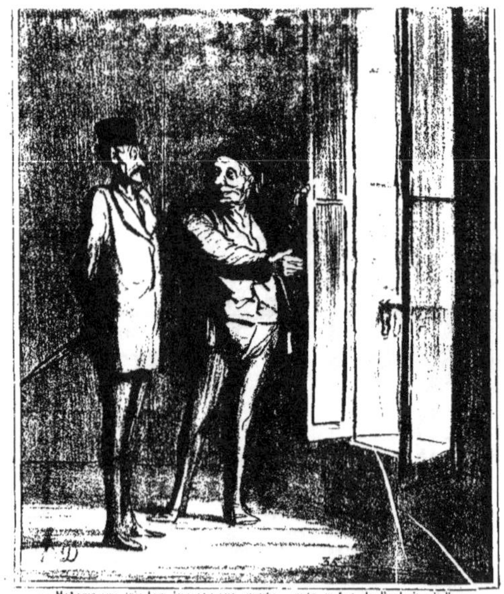

— Monsieur sera très bien ici : une vue superbe... juste en face de l'endroit où l'on pense que l'ennemi établira ses premières batteries.

(1870). — 2ᵉ *Etat.* (Cat. H. D. 556. — 2 états décrits).

1ᵉʳ Etat. Avant la lettre. Fort rare.

2ᵉ — Avec la lettre. L'Etat reproduit. Etat publié dans le **Charivari** (nᵒ du 14 septembre 1870).

VENTE : Anonyme (6-7 mai 1920), 1ᵉʳ état, 115 fr.

3810. — LA RÉPUBLIQUE NOUS APPELLE...

(H. 245 millim. ; L. 223)

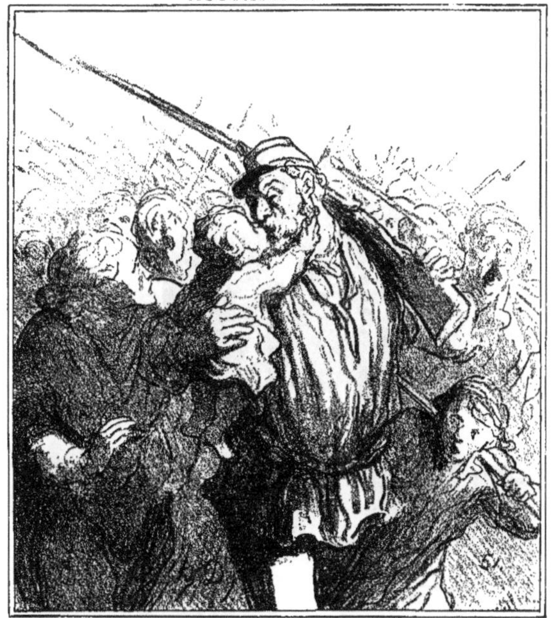

La République nous appelle,
Sachons vaincre ou sachons mourir !

(1870 — 2e *Etat*. (Cat. H. D. 3421 — 2 états décrits).

1er Etat. Avant la lettre. Fort rare.

2e — Avec la lettre. **L'Etat reproduit.** Etat publié dans le **Charivari** (n° du 20 septembre 1870).

VENTE : Anonyme (20 juin 1921), 1er état, avec 2 autres pièces, 500 fr.

3811. — LE COURONNEMENT DE SON ÉDIFICE

(H. 251 millim. ; L. 227)

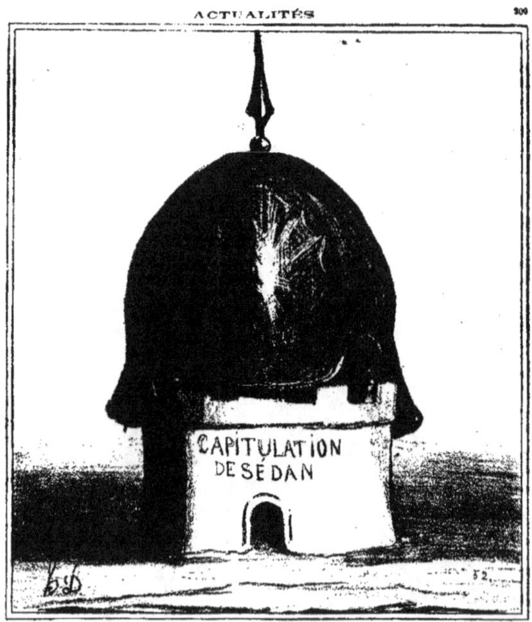

Le couronnement de son édifice.

(1870). 2e État. (Cat. H. D. 3419 — 2 états décrits).

1er État. Avant la lettre. Fort rare.

2e Avec la lettre. L'État reproduit. État publié dans le Charivari (n° du 22 septembre 1870).

3812. — S'APERCEVANT QU'EN... IL A CREUSÉ SA TOMBE

(H. 223 millim. : L. 181)

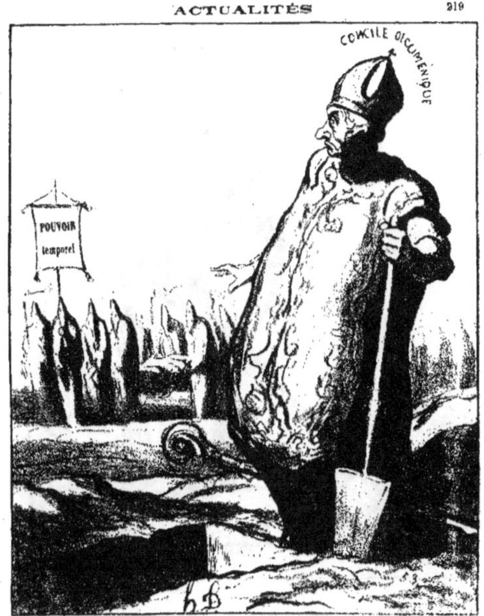

S'apercevant qu'en croyant creuser des fondations il a creusé une tombe.

(1870). — 2ᵉ *Etat*. (Cat. H. D. 3422 — 2 états décrits).

1ᵉʳ Etat. Avant la lettre : sur la bannière portée par les pénitents on lit le mot : INFAIL . LIBILI | TE au lieu de : POUVOIR TEMPOREL, le mot OECUMÉNIQUE est écrit : ECUMÉNIQUE Très rare.

2ᵉ — Avec la lettre L'Etat reproduit. Etat publié dans le Charivari (nᵒ du 30 septembre 1870).

3813. — ÇA EN AVAIT BESOIN

(H. 229 millim. ; L. 183)

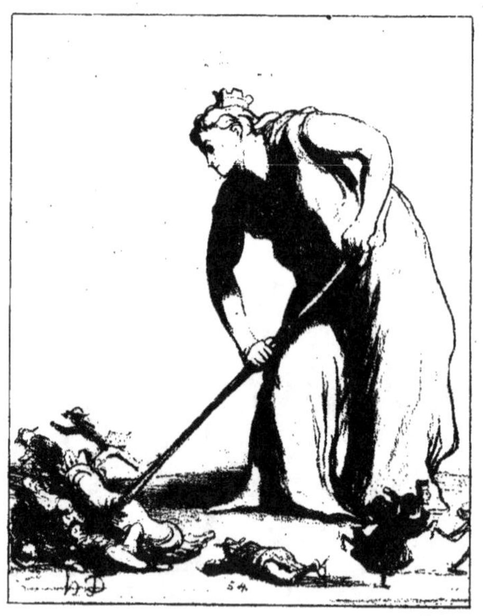

(1870). — *1er Etat.* (Cat. H. D. 3423 — 2 états décrits).

1er Etat. Avant la lettre. Fort rare. L'Etat reproduit.

2e — Avec la lettre. Etat publié dans le Charivari (n° du 7 octobre 1870).

3814. — L'EMPIRE C'EST LA PAIX.

(H. 229 millim.; L. 185)

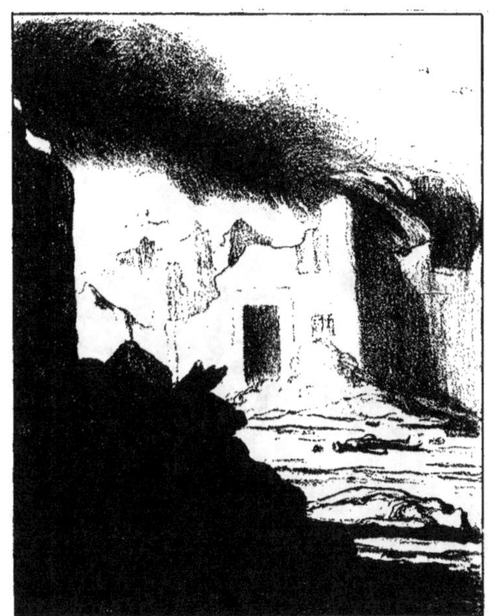

(1870). — *1er Etat.* (Cat. H. D. 3426 — 3 états décrits).

1er Etat. Avant la lettre. Fort rare. **L'Etat reproduit.**

2e - Avec la lettre. Etat publié dans le **Charivari** (n° du 19 octobre 1870).

3e — Le mot : ACTUALITÉS **et le** n° 232, sont enlevés. Etat publié dans l'**Album du Siege.**

Cette planche a été reproduite dans **Daumier, l'homme et l'œuvre,** par *Ars. Alexandre* (1888).

3815. — TROP ÉTROIT POUR DEUX.

(H. 223 millim.; L. 186)

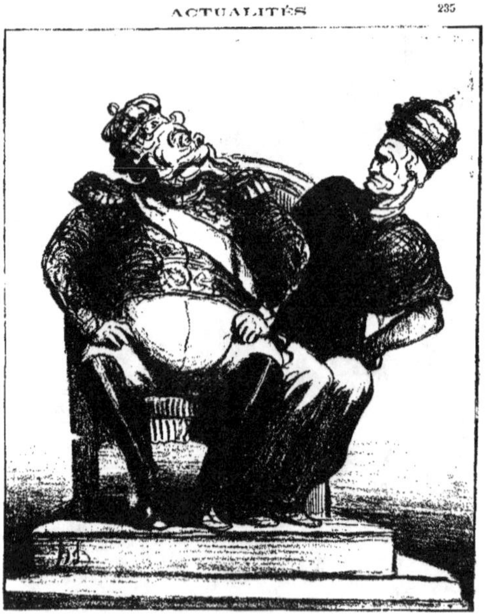

ACTUALITÉS 235

Trop étroit pour deux.

(1870). — 2e *Etat.* (Cat. H. D. 3429 — 2 états décrits).

1er Etat. Avant la lettre. Fort rare.

2e — Avec la lettre. **L'Etat reproduit.** Etat publié dans le **Charivari** (no du 25 octobre 1870).

3816. — A QUI LE TOUR?

(H. 229 millim. ; L. 180)

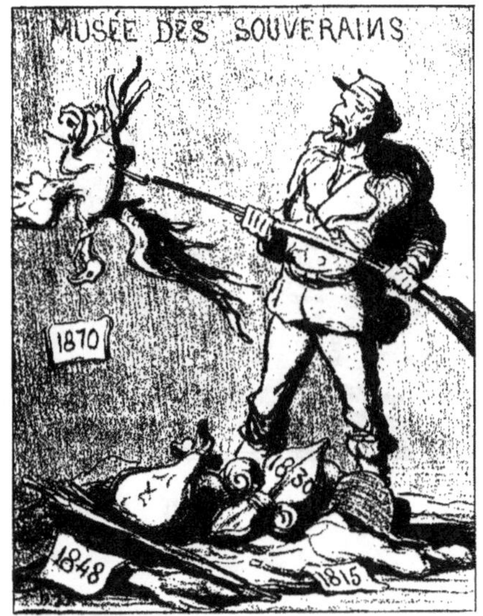

(1870). — 1er *Etat* (Cat. H. D. 3431 — 2 états décrits)

1er Etat. Avant la lettre. Fort rare. **L'Etat reproduit.**

2e — Avec la lettre. Etat publié dans le **Charivari** (no du 31 octobre 1870)

3817 — S'APERCEVANT QU'IL A... VENDU LA PEAU DE L'OURS...

(H. 217 millim. ; L. 185)

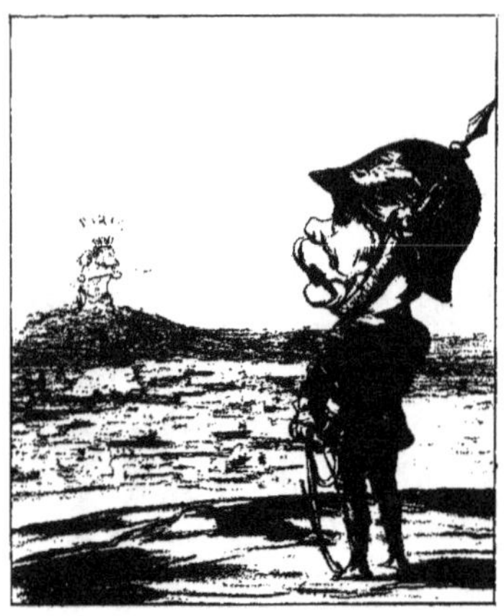

(1870). — 1er *Etat*. (Cat. H. D. 3424 — 2 états décrits).

1er Etat. Avant la lettre. Fort rare. **L'Etat reproduit**.

2e — Avec la lettre. Etat publié dans le **Charivari** (no du 8 novembre 1870).

VENTE : Anonyme (7 mai 1920), 1er état, 325 fr.

3818. — PAUVRE ANGLETERRE!...

(H. 230 millim.; L. 187)

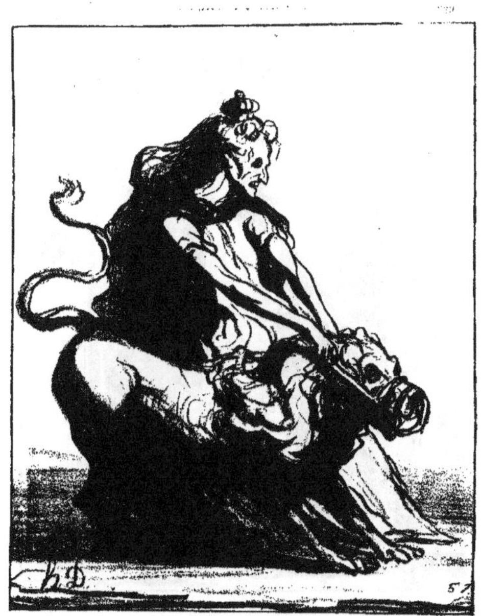

Pauvre Angleterre! Ce n'est plus un lion, c'est un chien.

(1870). — 2e *Etat.* (Cat. H. D. 3425 — 2 états décrits).

1er Etat. Avant la lettre. Fort rare.

2e — Avec la lettre. L'Etat reproduit. Etat publié dans le Charivari (no du 10 novembre 1870).

3819. — NOUS NE NOUS SERIONS JAMAIS DOUTÉ TOUT DE MÊME...

(H. 227 millim. ; L. 178)

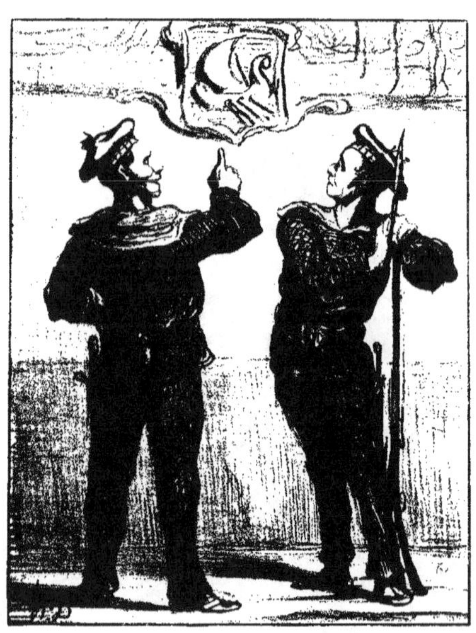

Nous ne nous serions jamais douté tout de même que nous naviguerions un jour sur ce vaisseau-là.

(1870). 3e *Etat.* (Cat. H. D. 3427 – 3 états décrits)

1er Etat. Avant la lettre, Fort rare.

2e — Avec la lettre, le titre de série : *ACTUALITÉS* et le n° 233 on lit : *VAISSEAU*. Etat publié dans le Charivari (n° du 15 novembre 1870).

3e Le mot : ACTUALITÉS et le n° 233, enlevés. L'Etat reproduit. État publié dans : *L'ALBUM DU SIÈGE.*

VENTE : Ch. Malherbe (1912). 1er état, avec 2 autres planches, 360 fr.

3820. — PAGE D'HISTOIRE

(H. 227 millim. ; L. 188)

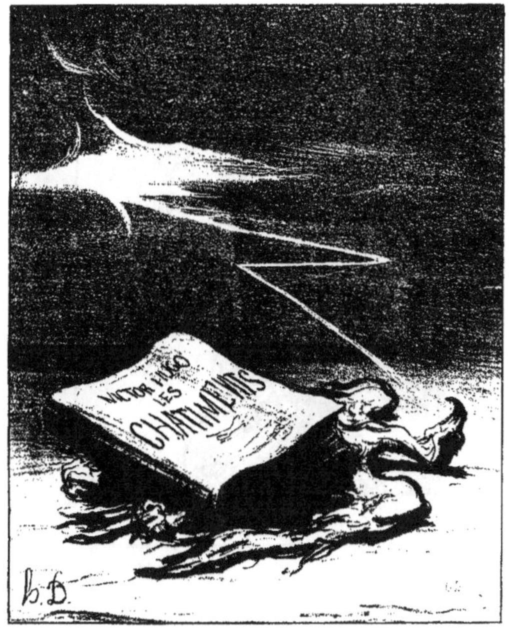

(1870). — *1er Etat.* (Cat. H. D. 3428 — 2 états décrits).

1er Etat. Avant la lettre. Fort rare. **L'Etat reproduit.**

2e — Avec les mots : *Paris, J. Clave, imprimeur*, en B. à G., mais avant la légende. Très rare.

3e Avec la légende. Etat publié dans le **Charivari** (no du 16 novembre 1870).

VENTES : Champfleury (1891), 31 fr. ; Aglaüs Bouvenne (1894), 30 fr. ; A. Ragault (1907), 2e état, épreuve avec les signatures *manuscrites* de Victor Hugo et de Daumier, 191 fr. ; Anonyme (14 février 1911) : 1er état, 550 fr. ; Ch. Malherbe (1912), ép. de Champfleury, 40 fr. ; Anonyme (25 octobre 1917), ép. signée par Ph. Burty, 50 fr.

Cette très belle pièce a été reproduite dans les **Mœurs et la Caricature en France**, par J. Grand-Carteret, s. d. (1888), puis dans **Daumier, Peintre et Lithographie** par *R. Escholier*, (1923), d'après une épreuve portant une dédicace d'Hugo à Paul Meurice.

3821. — LA PAIX A TOUT PRIX

(H. 226 millim. ; L. 181)

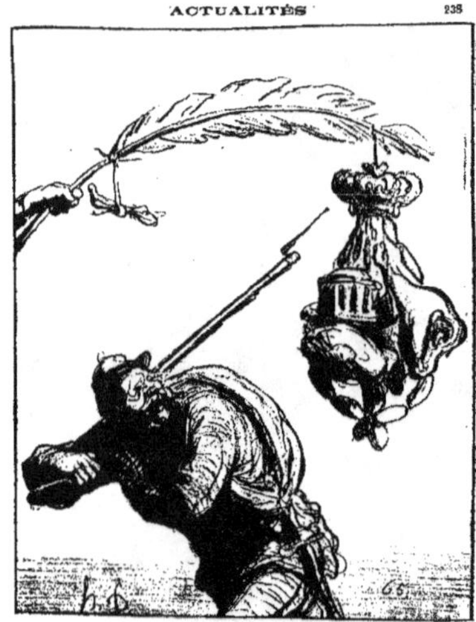

LA PAIX A TOUT PRIX
— Ça ne mord pas !

(1870). — 2e *État* (Cat. H. D. 3430 — 2 états décrits).

1er État. Avant la lettre. Fort rare.

2e — Avec la lettre. **L'État reproduit.** État publié dans le Charivari (n° du 21 novembre 1870).

3822. — LE SUPPLICE DE TANTALE... EAU COMPRISE

(H. 223 millim.; L. 173)

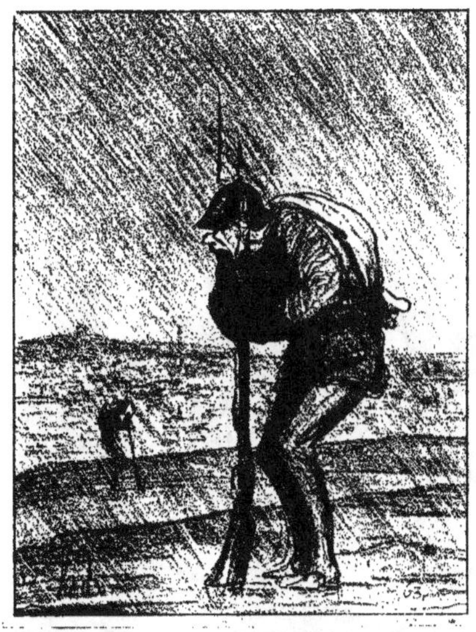

(1870). — *1er Etat.* (Cat. H. D. 3432 — 2 états décrits).

1er Etat. **Avant la lettre. Fort rare. L'Etat reproduit.**

2e — Avec la lettre. Etat publié dans le Charivari (no du 23 novembre 1870).

VENTE : Ch. Malherbe (1912), 1er état, avec une autre planche, 230 fr.

3823. — CE QUE CERTAINS JOURNAUX APPELERAIENT...

(H. 228 millim. ; L. 175)

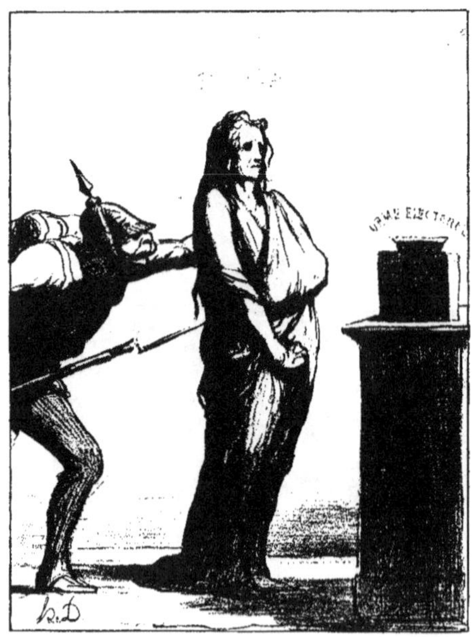

(1870) — *1er Etat.* (Cat. H. D. 3433 — 2 états décrits).

1er Etat. Avant la lettre. Fort rare. **L'Etat reproduit.**

2e — Avec la lettre. Etat publié dans le Charivari (no du 24 novembre 1870).

VENTE : Ch. Malherbe (1912), 1er état, 300 fr.

3824. — SQUARE NAPOLÉON

(H. 217 millim. ; L. 177)

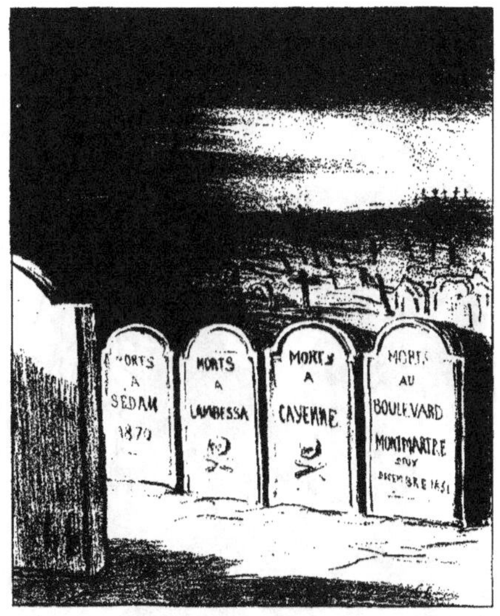

(1870). — *1er Etat.* (Cat. H. D. 3434 — 2 états décrits).

1er Etat. Avant la lettre. Fort rare. **L'Etat reproduit.**

2e — Avec la lettre et le titre de série : ACTUALITES. Etat publié dans le **Charivari** (no du 28 novembre 1870).

3e — Le mot : ACTUALITES et le no 244 enlevés. Etat publié dans **l'Album du Siege.**

VENTE : Ch. Malherbe (1912), 1er état, 55 fr.

3825. — L'IDÉAL DE CERTAINS JOURNAUX.

(H. 230 millim.; L. 182)

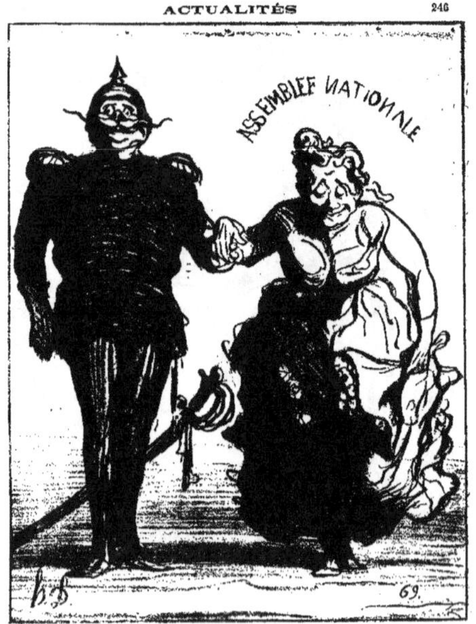

L'idéal de certains journaux.

(1870). — 3ᵉ *Etat.* (Cat. H. D. 3435 — 3 états décrits).

1ᵉʳ Etat. Avant la lettre. Fort rare.

2ᵉ — Avec la lettre et l'adresse de Voisvenel. Etat publié dans le **Charivari** (nᵒ du 30 novembre 1870).

3ᵉ — L'adresse de Voisvenel est enlevée. **L'Etat reproduit.**

3826. — MON PARE-BALLE, LE VOILA !

(H. 231 millim. ; L. 174)

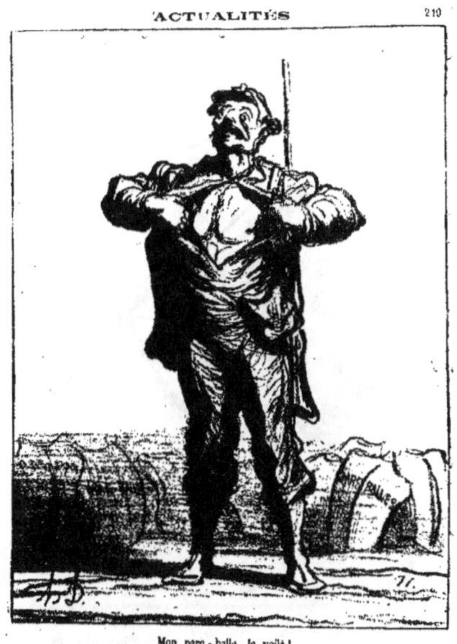

Mon pare-balle, le voilà !

(1870). — 2e *Etat.* (Cat. H. D. 3436 2 états décrits).

1er Etat. Avant la lettre. Fort rare.

2e — Avec la lettre. L'Etat reproduit. Etat publié dans le Charivari (n° du 3 décembre 1870).

3827. — L'ALLOPATHIE AÉRIENNE.

(H. 231 millim. ; L. 190)

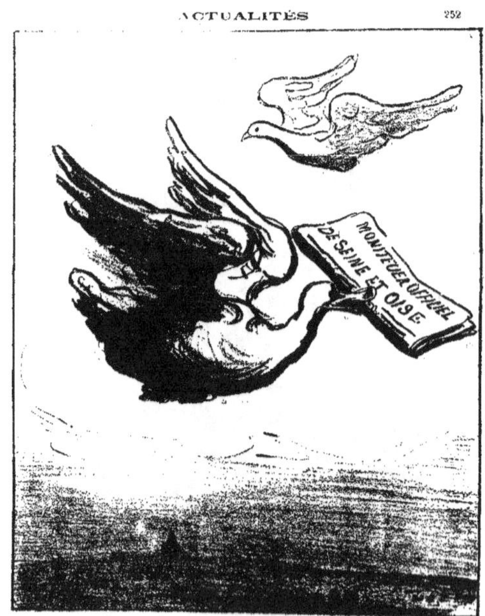

L'allopathie aérienne.

(1870). — 2ᵉ *État.* (Cat. H. D. 3437 — 2 états décrits).

1ᵉʳ État. Avant la lettre. Fort rare.

2ᵉ Avec la lettre. L'État reproduit. État publié dans le Charivari (nº du 7 décembre 1870).

3828. — UN PAYSAGE EN 1870.

(H. 223 millim. ; L. 177)

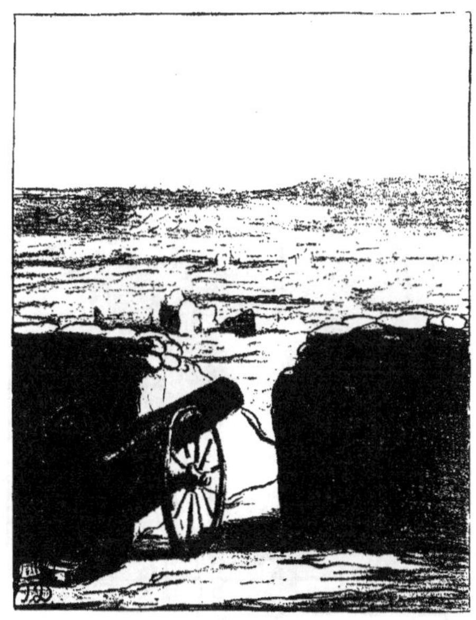

UN PAYSAGE EN 1870.

(1870). — 2e *Etat.* (Cat. H. D. 3438 — 4 états décrits).

1er Etat. **Avant la lettre. Fort rare.**

2e — Avec la lettre. **L'État reproduit. Etat** publié dans le **Charivari** (n° du 10 décembre 1870).

3e — Avec la lettre. Etat publié dans « **L'Album** du Siège ». **Le mot** « Actualités » et le n° 255 sont enlevés. Avec un n° 3 ajouté au bas à gauche.

4e — Avec la lettre. Etat publié dans l'**Album du Siège**. La légende qui était éloignée de 10 millim. du trait carré, dans l'état précédent, a été rapprochée, elle n'en est plus distante que de 8 millimètres.

3829. — DÉCIDÉMENT ON NE PEUT PAS...

(H. 225 millim. ; L. 177)

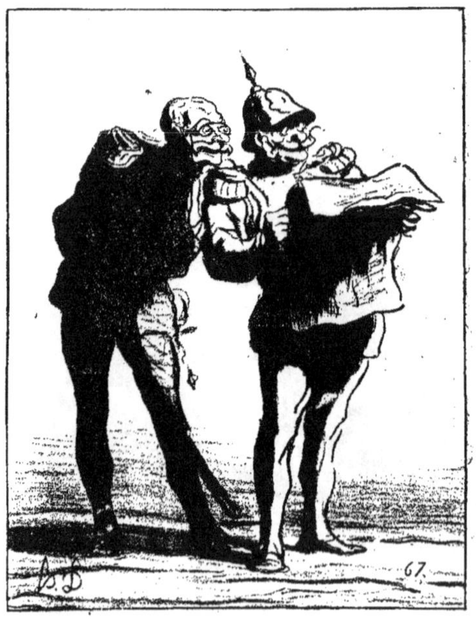

- Décidément on ne peut pas leur faire avaler le canard pour du pigeon.

(1870). 2ᵉ *État*. (Cat. H. D. 3439 — 2 états décrits)

1ᵉʳ État. Avant la lettre. Fort rare.

2ᵉ — Avec la lettre. L'État reproduit. État publié dans le **Charivari** (nᵒ du 12 décembre 1870).

3830. - LE NOUVEAU ROI D'ESPAGNE PRENANT... LE PARTI...

(H. 231 millim. ; L. 185)

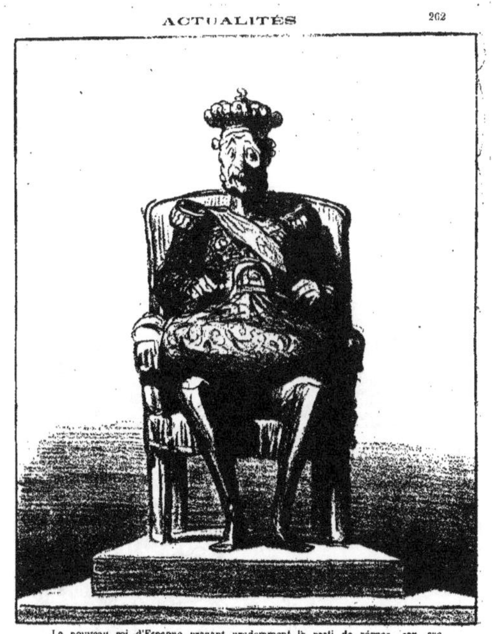

(1870). — 1er *Etat.* (Cat. H. D. 3440. — 2 états décrits).

1er Etat. Avant la lettre. Fort rare.

2e — Avec la lettre. L'Etat reproduit. Etat publié dans le Charivari (n° du 20 décembre 1870).

— — —

3831. — L'UNITÉ ALLEMANDE

(H. 208 millim. : L. 178)

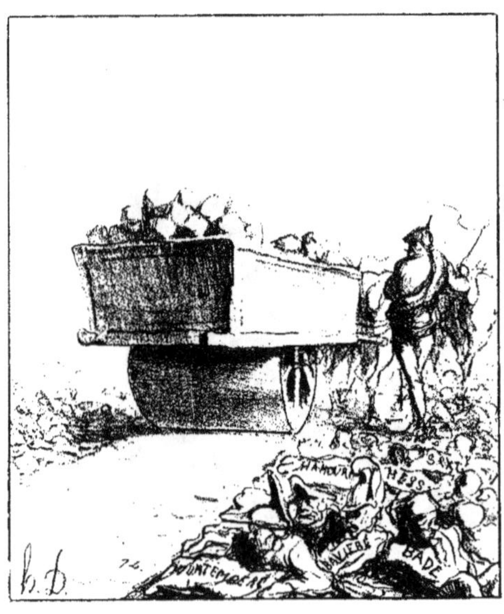

(1870). — *1er Etat.* (Cat. H. D. 3441 — 3 états décrits).

1er Etat. Avant la lettre. Fort rare. **L'Etat reproduit.**

2e — Avec la lettre et le titre : **ACTUALITÉS**. Etat publié dans le **Charivari** (no du 23 décembre 1870).

3e — Le mot : Actualités, et le no 265, enlevés, **Etat publié dans l'Album du Siège.**

3832. — COMMENT BISMARCK COMPREND L'UNITÉ ALLEMANDE

(H. 224 millim.; L. 182)

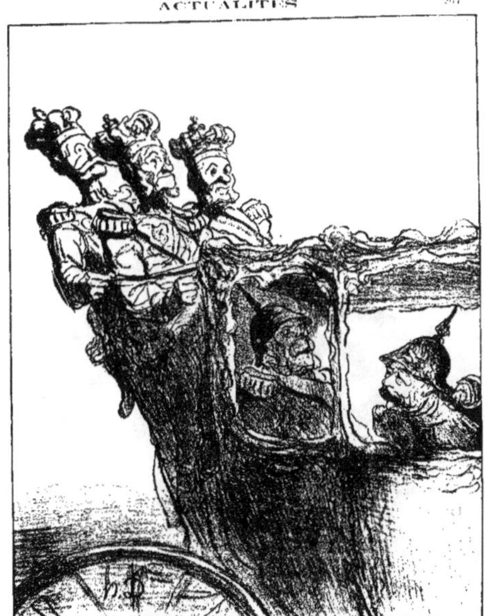

Comment Bismark comprend l'unité allemande.

(1870). — 2ᵉ *Etat.* (Cat. H. D. 3442 — 2 états décrits).

1ᵉʳ Etat. Avant la lettre. Fort rare.

2ᵉ — Avec la lettre. L'Etat reproduit. Etat publié dans le Charivari (nº du 26 décembre 1870).

3833. — EN V'LA DES BONBONS POUR LE JOUR DE L'AN

(H. 236 millim. ; L. 189)

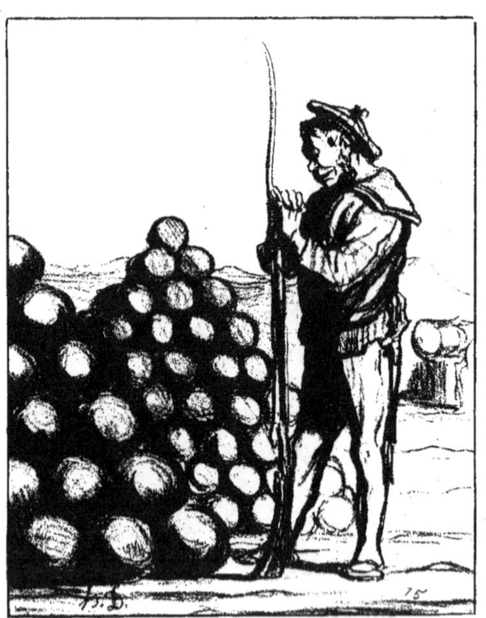

(1870). — *1er Etat.* (Cat. H. D. 3443).

1er Etat. Avant la lettre. Fort rare. L'Etat reproduit.

2e — Avec la lettre. Etat publié dans le Charivari (n° du 29 décembre 1870)

3834. — LE SÉNATEUR DU BELVÉDÈRE

(H. 242 millim.; L. 209)

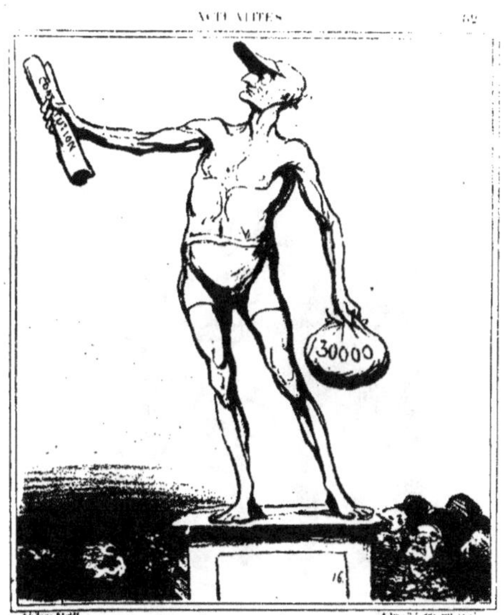

Le sénateur du Belvédère.
Projet de statue pour les arts

(1870 (?)). (Cat. H. D. 3188).

Cette pièce n'a pas été publiée. Fort rare.

Collection de M. O. Gerstenberg.

—

VENTE : h. Malherbe (1912), 145 fr.

3835. — TU L'AS VOULU, JOHN BULL !

(H. 241 millim. ; L. 183)

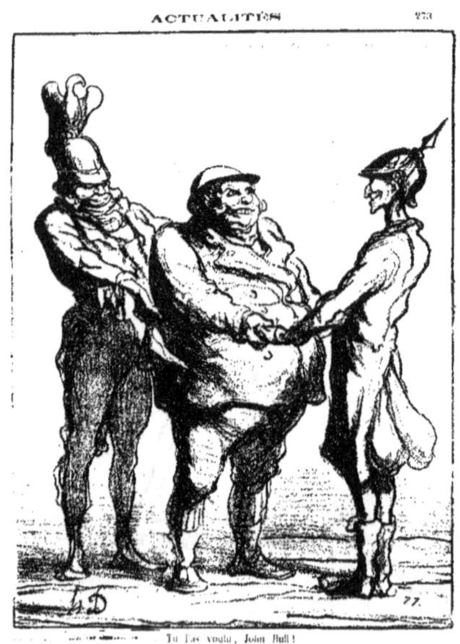

(1871). — 2e *État.* (Cat. H. D. 3444. — 2 états décrits).

1er État. Avant la lettre. Fort rare.

2e — Avec la lettre. **L'État reproduit.** État publié dans le **Charivari** (no du 2-3 janvier 1871).

3836. — JOHN BULL AYANT TOUT L'AIR...

(H. 221 millim. ; L. 190)

ACTUALITÉS 276

John Bull ayant tout l'air de se préparer à faire l'échec à la reine.

(1871). — 2e *Etat*. (Cat. H. D. 3445 — 2 états décrits).

1er Etat. Avant la lettre. Fort rare.

2e — Avec la lettre. L'Etat reproduit. Etat publié dans le Charivari (n° du 6 janvier 1871).

3837. — LE JOUR DES ROIS. PAUVRE ANGLETERRE!

(H. 223 millim.; L. 191)

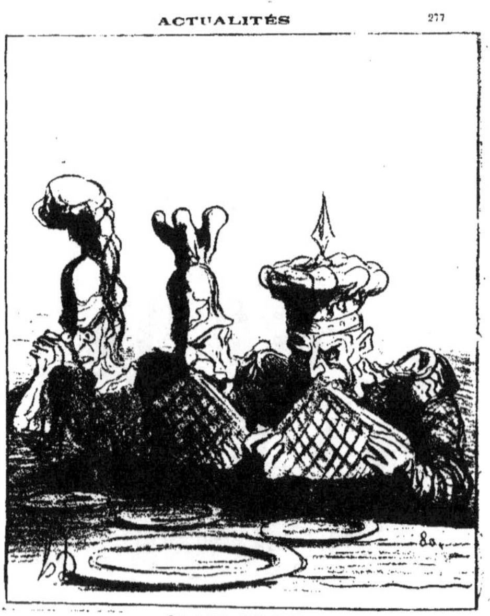

(1871). — 2e *État.* (Cat. H. D. 3446 — 2 états décrits).

1er Etat. Avant la lettre. Fort rare.

2e — Avec la lettre. L'État reproduit. Etat publié dans le Charivari (n° du 7 janvier 1871).

3838. — ÉPOUVANTÉE DE L'HÉRITAGE

(H. 230 millim.; L. 180).

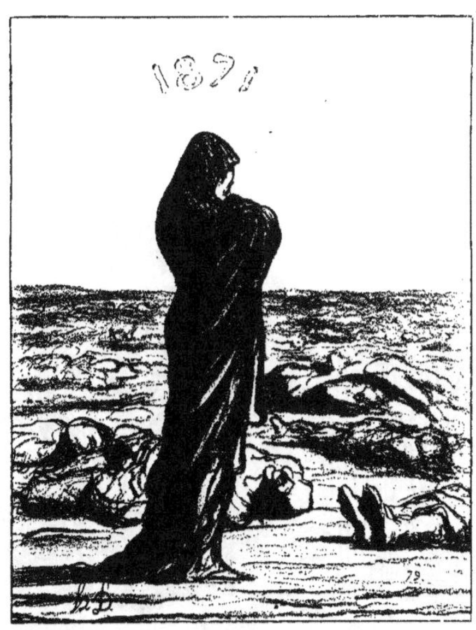

ÉPOUVANTÉE DE L'HÉRITAGE.

(1871). — 3ᵉ *Etat*. (Cat. H. D. 3447 — 3 états décrits).

1ᵉʳ Etat. Avant la lettre. Fort rare.

2ᵉ — Avec la lettre et le titre de série : ACTUALITÉS. Etat publié dans le **Charivari** (nº du 11 janvier 1871).

3ᵉ — Le titre de série et le nº *280*, en H. sont enlevés et la légende retranscrite en petites capitales. L'Etat reproduit. Etat publié dans l'**Album du Siège**.

Cette planche a été reproduite dans **Daumier, Peintre et Lithographe**, par *R. Escholier* (1923).

3839. — SE DEMANDANT SI CE NE SERAIT PAS LE MOMENT...

(H. 223 millim.; L. 177).

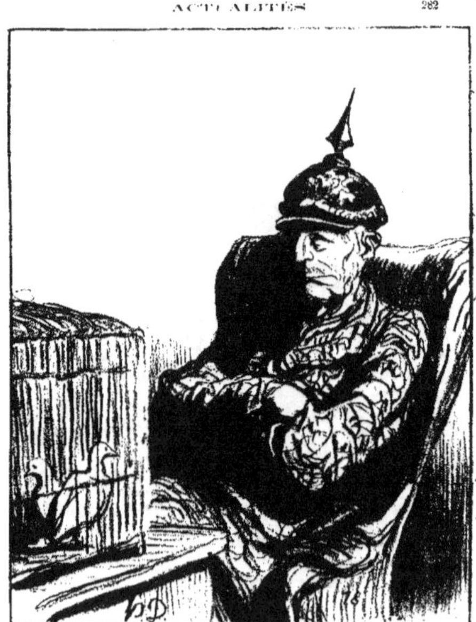

(1871). 2e *Etat.* (Cat. H. D. 3448).

1er Etat. Avant la lettre. Fort rare.

2e — Avec la lettre. L'Etat reproduit. Etat publié dans le Charivari (n° du 13 janvier 1871).

3840. — LES MARCHES DU NOUVEAU TRONE D'ALLEMAGNE

(H. 237 millim. ; L. 196).

ACTUALITÉS 286

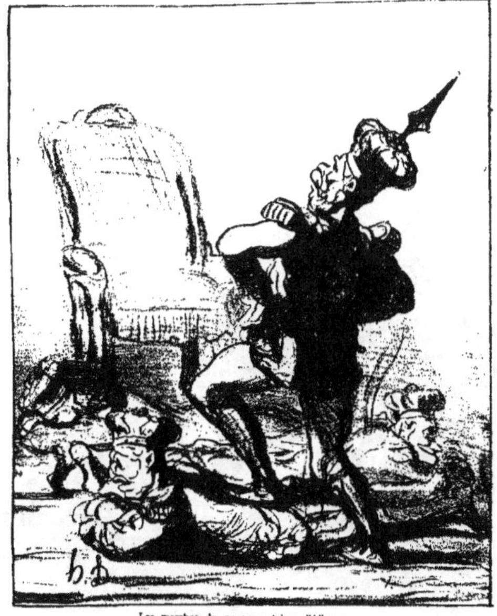

Les marches du nouveau trône d'Allemagne.

(1871). — 2e *Etat.* (Cat. H. D. 3450 — 2 états décrits).

1er Etat. Avant la lettre. Fort rare.

2e — Avec la lettre. L'Etat reproduit. Etat publié dans le Charivari (n° du 18 janvier 1871).

3841. — LEUR MANÉ, THECEL, PHARÈS

(H. 233 millim. ; L. 195).

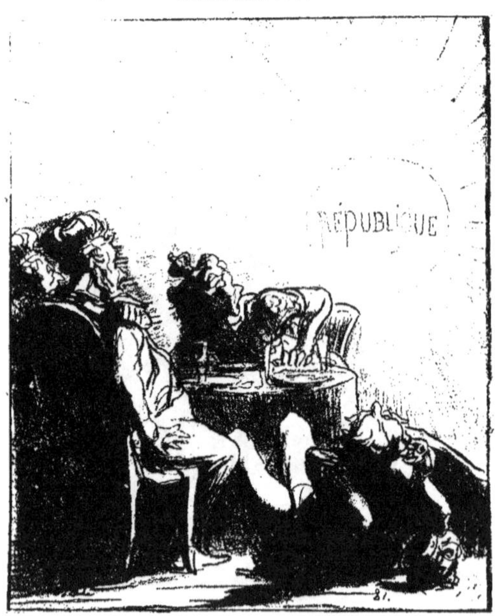

Leur *MANÉ, THECEL, PHARÈS.*

(1871). — 2ᵉ *Etat.* (Cat. H. D. 3451 — 2 états décrits).

1ᵉʳ Etat. Avant la lettre. Fort rare.

2ᵉ Avec la lettre. L'Etat reproduit. Etat publié dans le Charivari (nᵒ du 21 janvier 1871).

3842. — LE RÊVE DE LA NOUVELLE MARGUERITE

(H. 228 millim. ; L. 181).

ACTUALITÉS 297

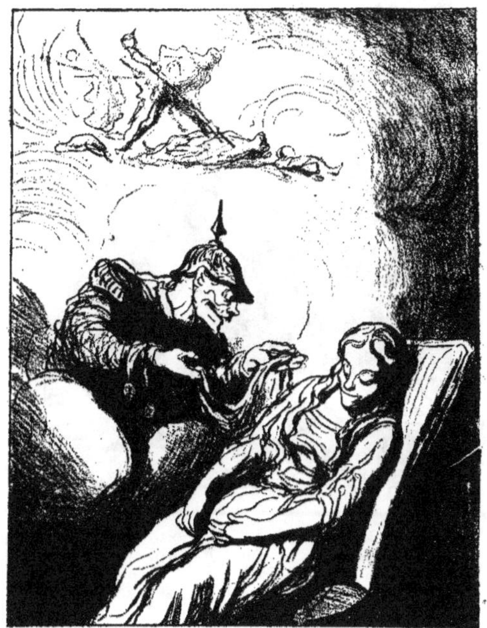

Le rêve de la nouvelle Marguerite.

(1871). — 2ᵉ *Etat.* (Cat. H. D. 3452 — 2 états décrits).

1ᵉʳ Etat. Avant la lettre. Fort rare.

2ᵉ — Avec la lettre. **L'Etat reproduit.** Etat publié dans le **Charivari** (nº du 30 janvier 1871).

3843. — PAUVRE FRANCE!... LE TRONC EST FOUDROYÉ...

(H. 234 millim.; L. 193).

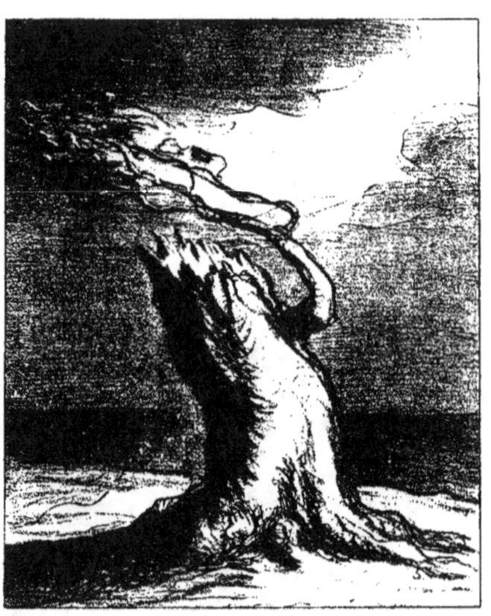

(1871). — 3e *Etat*. (Cat. H. D. 3453 — 3 états décrits).

1er Etat. Avant la lettre. Fort rare.

2e — Avec la lettre et le titre de série : ACTUALITES. Etat publié dans le **Charivari** (no du 1er février 1871).

3e — Le titre de série et le no *299*, en H., sont enlevés. **L'Etat reproduit. Etat** publié dans l'**Album du Siège**.

3844. — AUTRES CANDIDATS

(H. 236 millim.; L. 199).

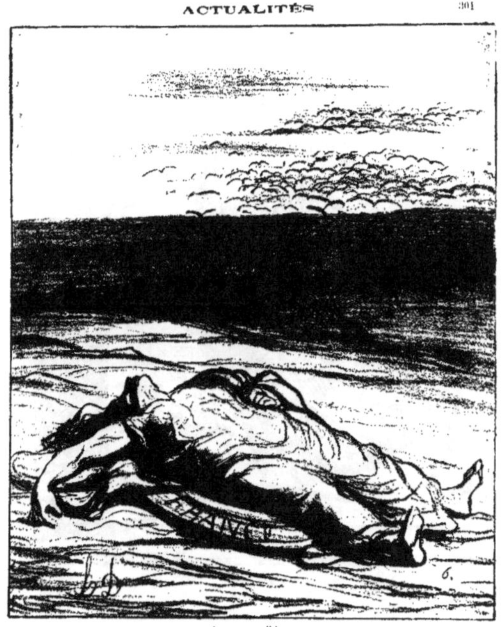

(1871) — 2e *Etat.* (Cat. H. D. 3454 — 2 états décrits).

1er Etat. Avant la lettre. Fort rare.

2e — Avec la lettre. **L'Etat reproduit. État publié dans le Charivari** (no du 3 février 1871).

3845. — CECI A TUÉ CELA

(H. 237 millim. ; L. 197).

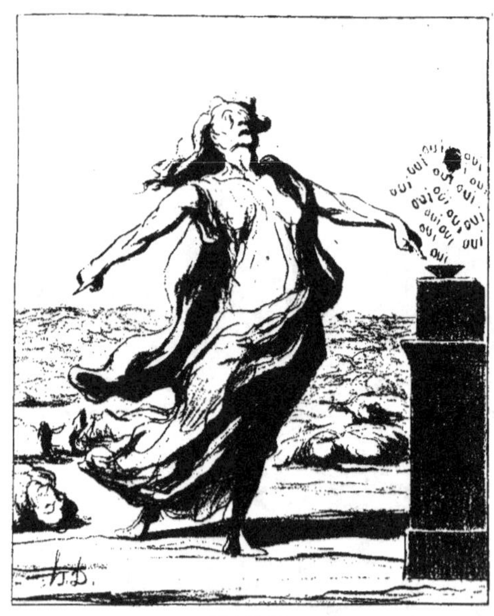

(1871). *4ᵉ État.* (Cat. H. D. 3455 — 4 états décrits).

1ᵉʳ État. Avant la lettre. Fort rare.

2ᵉ — Avec la lettre et le titre de série : ACTUALITÉS. Etat publié dans le **Charivari** (n° du 9 février 1871).

3ᵉ — Le titre de série et le n° *706*, en H., sont enlevés. **Etat publié dans l'Album du Siége.**

4ᵉ — Avec une tache noire sur l'un des OUI sortis de l'urne. Etat également publié dans l'**Album du Siége**. L'État reproduit

3846. — ILS CROIENT DONC DÉJA QUE JE SUIS MORTE!

(H. 215 millim.; L. 188)

ACTUALITÉS 307

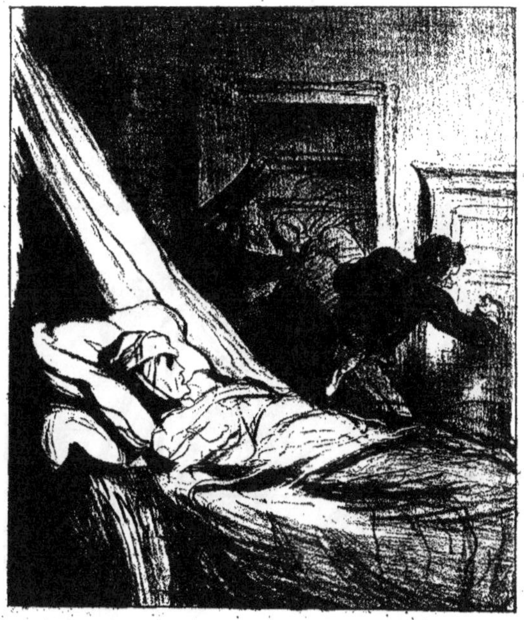

— Ils croient donc déjà que je suis morte!

(1871). — 2ᵉ *Etat*. (Cat. H. D. 3456 — 2 états décrits).

1ᵉʳ Etat. Avant la lettre. Fort rare.

2ᵉ — Avec la lettre. **L'Etat reproduit.** Etat publié dans le **Charivari** (nᵒ du 10 février 1871).

3847. — LA FRANCE-PROMÉTHÉE ET L'AIGLE VAUTOUR

(H. 227 millim. ; L. 190)

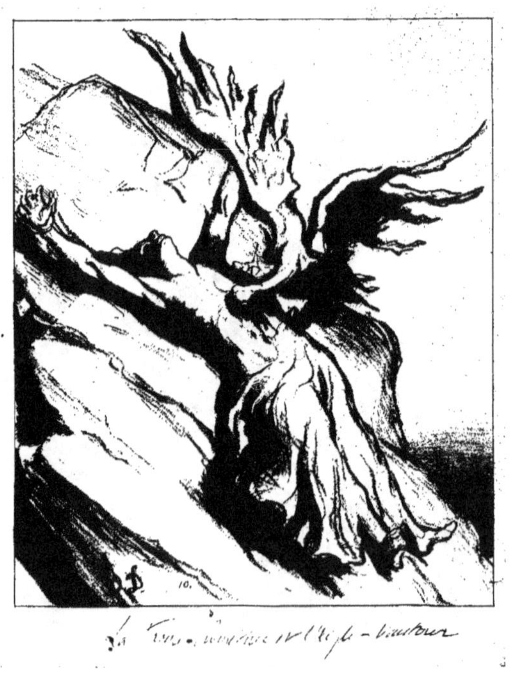

(1871). — 1er Etat. (Cat. H. D. 3457 - 2 états décrits).

1er Etat. Avant la lettre. Fort rare. L'Etat reproduit.

2e — Avec la lettre. Etat publié dans le **Charivari** (n° du 13 février 1871).

3848. — L'ASSEMBLÉE DE BORDEAUX

(H. 220 millim. : L. 192)

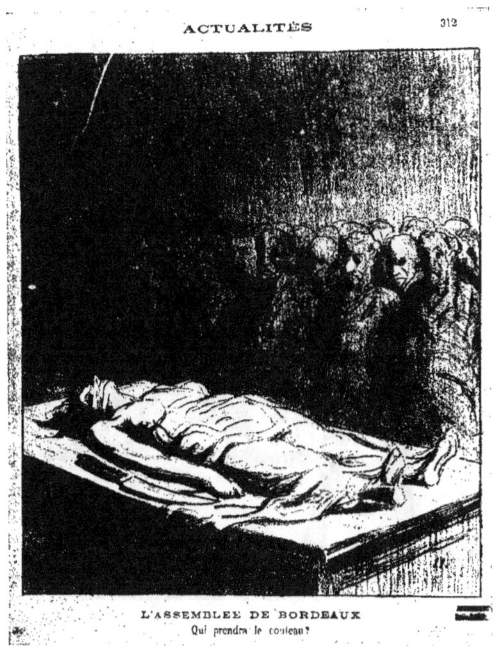

(1871). — 2ᵉ *Etat* (Cat. H. D. 3458. — 2 états décrits).

1ᵉʳ Etat. Avant la lettre. Fort rare.

2ᵉ — Avec la lettre. L'Etat reproduit. Etat publié dans le Charivari (nᵒ du 16 février 1871).

3849. — LE NOUVEAU CHAR DE LA VICTOIRE

(H. 231 millim. ; L. 183)

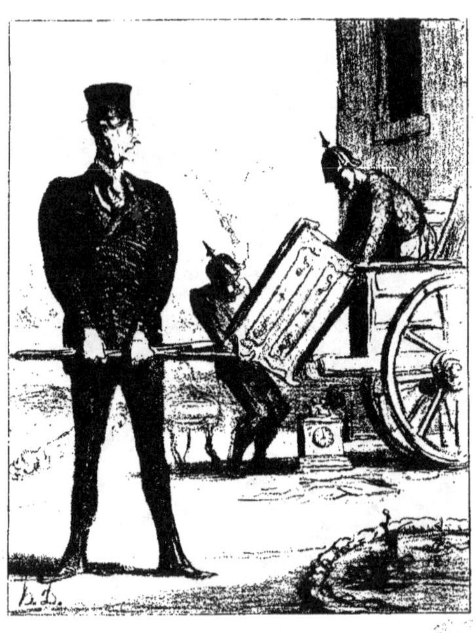

(1871). — 3e Etat. (Cat. H. D. 3459 — 3 états décrits).

1er Etat. Avant la lettre. Fort rare.

2e — Avec la lettre et le titre de série : ACTUALITÉS. Etat publié dans le **Charivari** (n° du 20 février 1871).

3 — Publication dans l'ALBUM DU SIÈGE. Le mot ACTUALITÉS et le n° 315, enlevés. **L'Etat reproduit.**

3850. — UNE REPRÉSENTATION AU THÉATRE DE BORDEAUX

(H. 232 millim. ; L. 182)

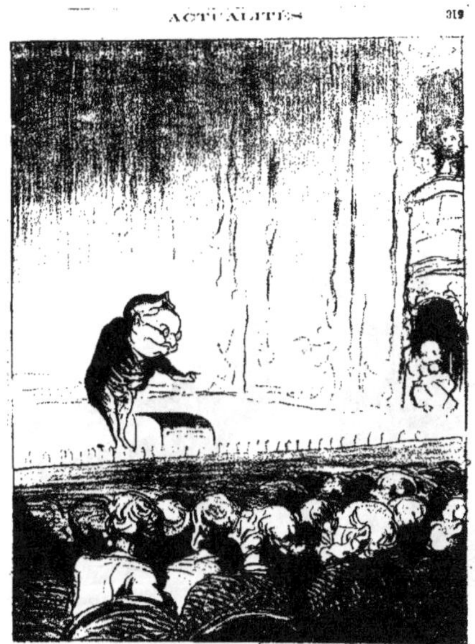

(1871). — 2ᵉ *Etat*. (Cat. H. D. 3460 — 2 états décrits).

1ᵉʳ Etat. Avant la lettre. Fort rare.

2ᵉ — Avec la lettre. L'Etat reproduit. Etat publié dans le Charivari (nᵒ du 24 février 1871).

3851. — MOI JE SUIS RAVITAILLÉ!..

(H. 224 millim. ; L. 187)

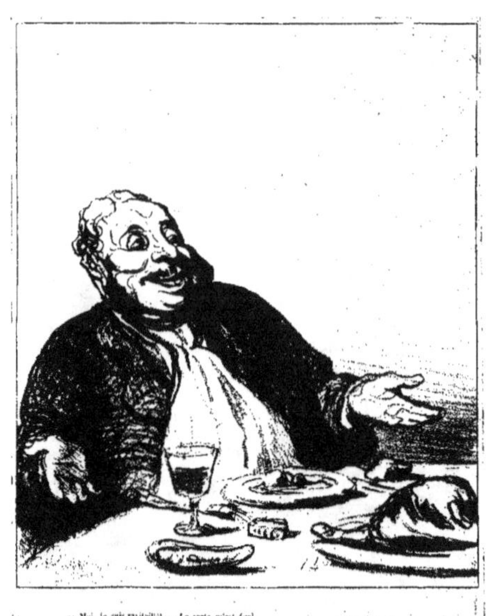

— Moi, je suis ravitaillé!... Le reste m'est égal.

(1871). — 3ᵉ *Etat.* (Cat. H. D. 3461 — 3 états décrits).

1ᵉʳ Etat. Avant la lettre. Fort rare.

2ᵉ — Avec la lettre, le titre de série ACTUALITÉS et le nᵒ 321. Etat publié dans le **Charivari** (nᵒ du 27 février 1871).

3ᵉ — Le titre de série et le nᵒ enlevés. **L'Etat reproduit.** Etat publié dans l'**Album du Siège.**

3852. — THÉATRE DE BORDEAUX. ON JOUE LA TRAGÉDIE

(L. 226 millim.; H. 181)

ACTUALITÉS 322

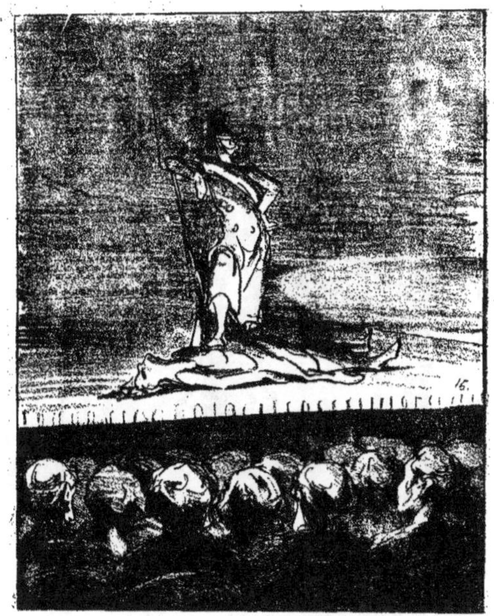

THEATRE DE BORDEAUX
On joue la tragédie.

1871). — 2e *Etat* (Cat H. D. 3462 — 2 états décrits).

1er Etat. Avant la lettre. Fort rare.

2e — Avec la lettre. L'Etat reproduit. Etat publié dans le Charivari (no du 28 février 1871.)

3853. — TU RESTERAS DEHORS

(H. 230 millim. ; L. 194)

ACTUALITES 323

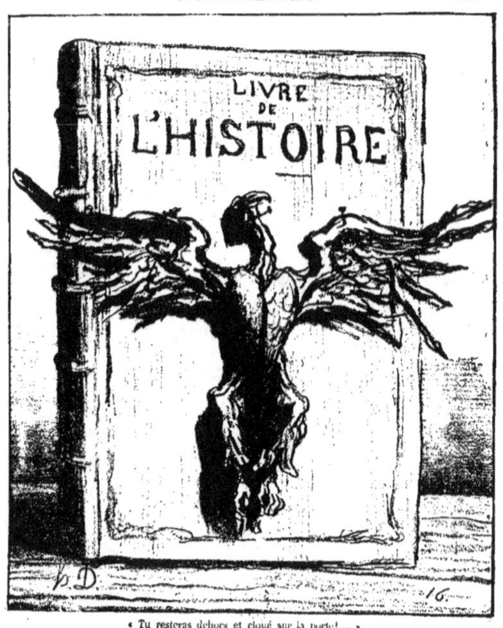

« Tu resteras dehors et cloué sur la porte!... »

1853 (*Les Châtiments.*) — 1er mars 1871 (Ordre du jour de l'Assemblée nationale.)

(1871). — 2e *Etat.* (Cat. H. D. 3463 — 2 états décrits).

1er Etat. Avant la lettre. Fort rare.

2e — Avec la lettre. L'Etat reproduit. Etat publié dans le Charivari (n° du 1-4 mars 1871).

3854. — LA PAIX. IDYLLE

(H. 235 millim.; L. 184)

ACTUALITÉS

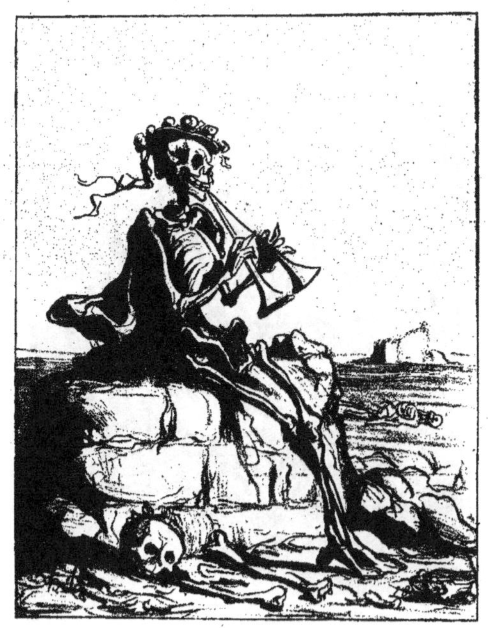

LA PAIX
Idylle.

(1871). — 2ᵉ *Etat*. (Cat. H. D. 3464 — 2 états décrits).

1ᵉʳ Etat. Avant la lettre. Fort rare.

2ᵉ — Avec la lettre. L'Etat reproduit. Etat publié dans le Charivari (nᵒ du 6 mars 1871)

3855. — L'ASSEMBLÉE DE BORDEAUX. ATTITUDE CONCILIANTE...

(H. 230 millim. ; L. 177)

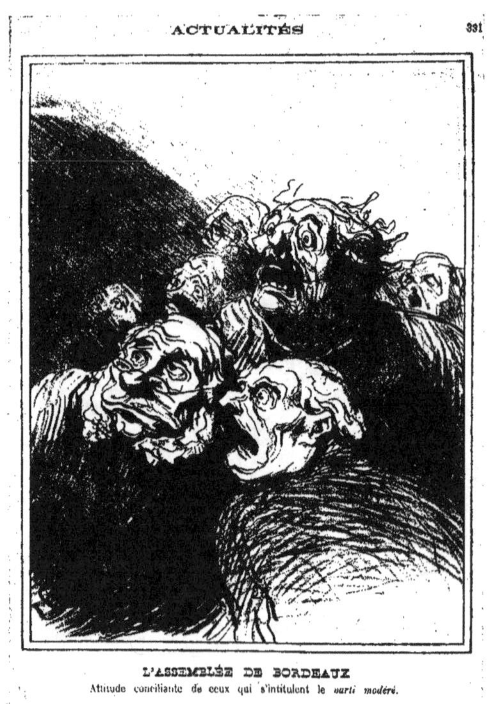

L'ASSEMBLÉE DE BORDEAUX
Attitude conciliante de ceux qui s'intitulent le *parti modéré*.

(1871). — 2e *Etat.* (Cat. H. D. 3465).

1er Etat. Avant la lettre. Fort rare.

2e — Avec la lettre. L'Etat reproduit. Etat publié dans le Charivari (no du 11 mars 1871).

3856. — UNE INVASION REMPLACE L'AUTRE.

(H. 242 millim ; L. 177)

ACTUALITÉS

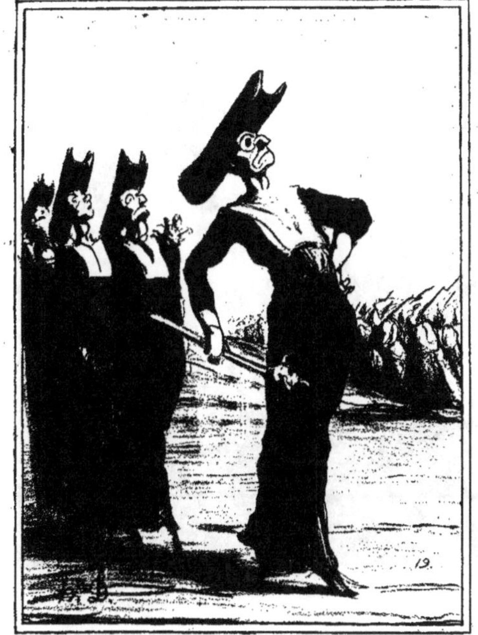

UNE INVASION REMPLACE L'AUTRE.

(1871). — 2ᵉ *Etat.* (Cat. H. D. 3466 -- 2 états décrits).

1ᵉʳ Etat Avant la lettre. Fort rare.

2ᵉ – Avec la lettre. L'Etat reproduit. Etat publié dans le Charivari (nᵒ du 14 mars 1871).

3857. — L'ÉCLIPSE SERA-T-ELLE TOTALE?

(H. 237 millim.; L. 190)

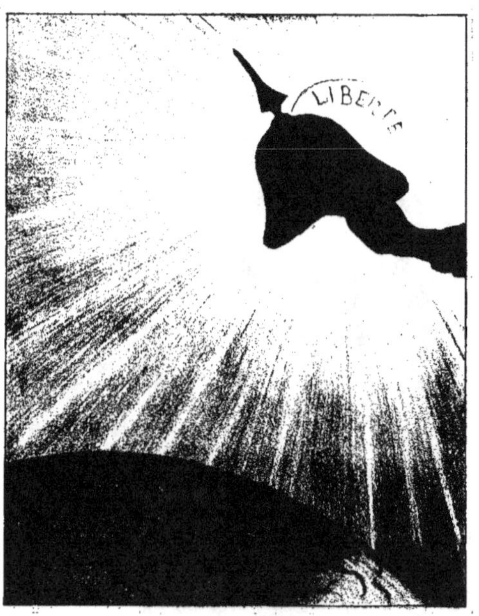

(1871). — *1er Etat.* (Cat. H. D. 3467 — 2 états décrits).

1er Etat. Avant la lettre. Fort rare. L'Etat reproduit.

2e — Avec la lettre. Etat publié dans le Charivari (n° du 17 mars 1871).

3858. – VOYONS, MONSIEUR RÉAC...

(H. 242 millim. ; L. 214)

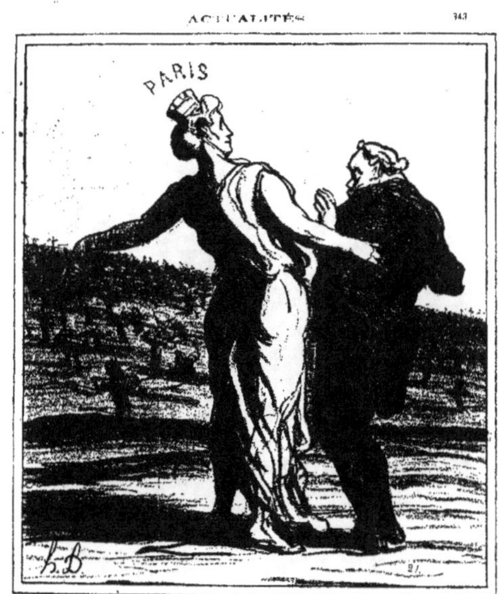

— Voyons, monsieur Réac, il y en a pourtant bien assez !

(1871) (Cat. H. D. 3468).

Lithographie publiée dans le **Charivari** (n° du 30 mars 1871).

3859. — C'EST POURTANT PAS POUR ÇA...

(H. 241 millim. ; L. 195)

ACTUALITÉS 345

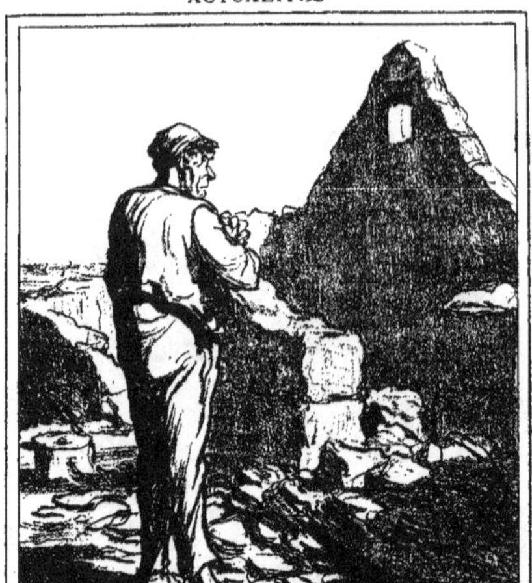

— C'est pourtant pas pour ça que j'avions voté *oui*.

(1871). — 2e *Etat*. (Cat. H. D. 3469 — 2 états décrits).

1er Etat. Avant la lettre. Fort rare.

2e — Avec la lettre. L'Etat reproduit. Etat publié dans le Charivari (n° du 1er avril 1871).

3860. — A PARIS NOUS NE POUVIONS... ALLER A VERSAILLES ..

(H. 228 millim.; L. 185)

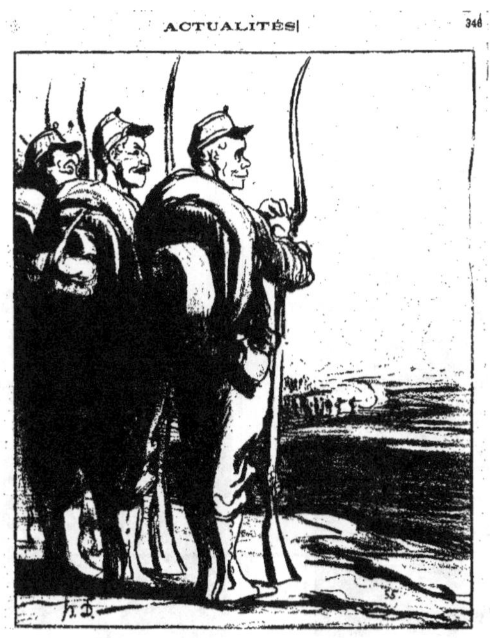

— A Paris nous ne pouvions pas aller à Versailles, à Versailles nous ne pouvons pas aller à Paris.

(1871). — 2e *Etat.* (Cat. H. D. 3470 — 2 états décrits).

1er Etat. Avant la lettre. Fort rare.

2e — Avec la lettre. L'Etat reproduit Etat publié dans le Charivari (n° du 2 avril 1871).

QUESTION DES LOYERS

Deux pièces publiées dans le **Charivari** (n° du 3 avril 1871).

3861. — DÉCRET DE LA COMMUNE. LIQUIDATION GÉNÉRALE

(H. 234 millim. ; L. 201)

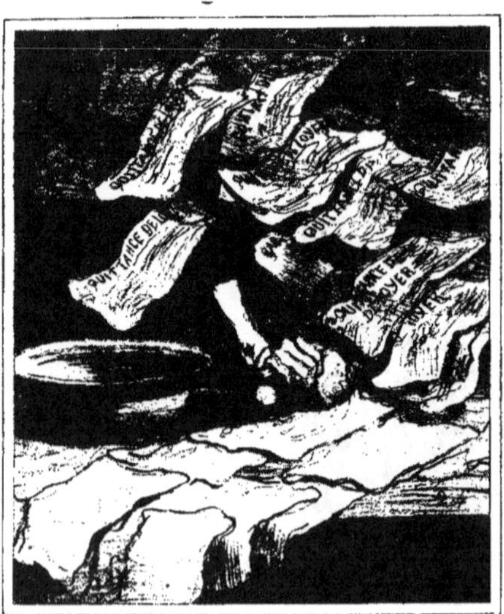

DÉCRET DE LA COMMUNE.
Liquidation générale.

(1871). — 2e *État*. (Cat. H. D. 2484 — 2 états décrits).

1er État. Avant la lettre. Fort rare.

2e — Avec la lettre. L'État reproduit. État publié dans le **Charivari** (n° du 3 avril 1871).

3862. — PROJET DUFAURE. ARBITRAGE AMIABLE

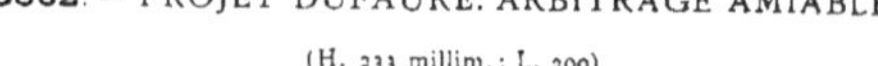

(H. 233 millim. ; L. 200)

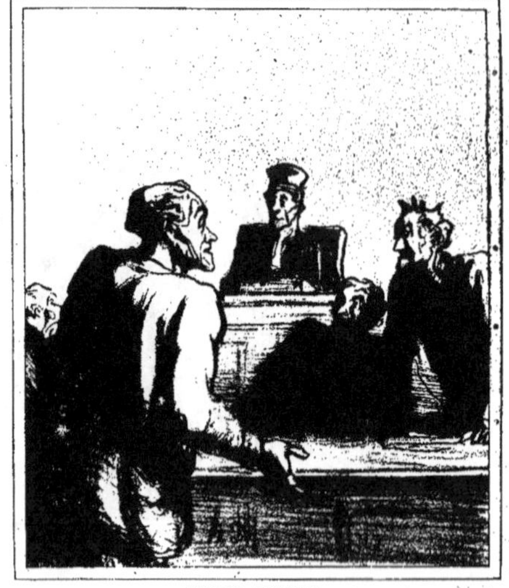

PROJET-DUFAURE.
Arbitrage amiable.

(1871). — 2e *État*. (Cat. H. D. 2485 — 2 états décrits).

1er État. Avant la lettre. Fort rare.

2e — Avec la lettre. L'État reproduit. État publié dans le **Charivari** (n° du 3 avril 1871).

VENTE : Champfleury (1891), les 2 pièces, 15 fr.

3863. — SUCCESSEUR DE CHARLEMAGNE

(H. 259 millim. : L. 230)

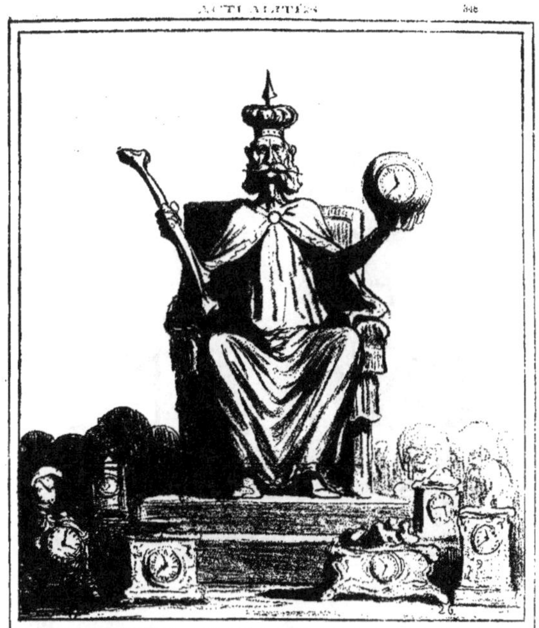

(1871). — 2ᵉ *Etat.* (Cat. H. D. 3471 — 2 états décrits).

1ᵉʳ Etat. Avant la lettre. Fort rare.

2ᵉ — Avec la lettre. **L'Etat reproduit.** Etat publié dans le **Charivari** (nº du 6 avril 1871).

3864. — LE DÉFENSEUR DE CALAS CONSOLÉ. .

(H. 251 millim. ; L. 220)

ACTUALITÉ

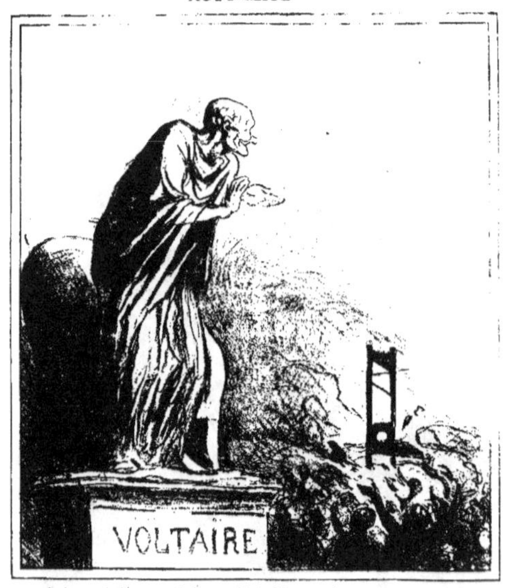

(1871). — 2e Etat. (Cat. H. D. 3472).

1er Etat. Avant la lettre. Fort rare.

2e — Avec la lettre. L'Etat reproduit. Etat publié dans le Charivari (n° du 16 avril 1871)

3865. — LA DÉCENTRALISATION FUTURE.

(H. 250 millim. ; L. 200)

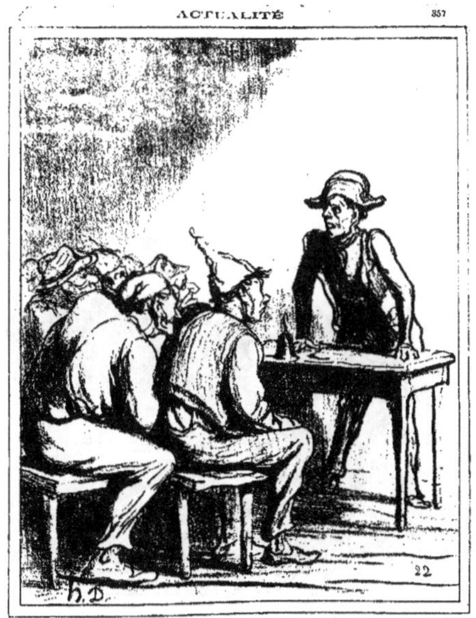

(1871) — 2ᵉ *État*. (Cat. H. D. 3821 — 2 états décrits).

1ᵉʳ État. Avant la lettre. Fort rare.

2ᵉ — Avec la lettre. **L'État reproduit.** État publié dans le **Charivari** (nᵒ du 17 avril 1871).

3866. — VERSAILLES!... TROIS SEMAINES D'ARRÊT!

(H. 237 mill.; L. 218).

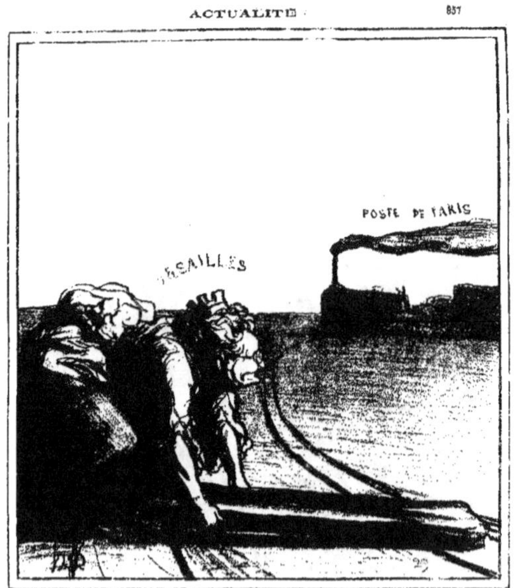

(1871) — 2e *Etat.* (Cat. H. D. 3473).

1re Etat. Avant la lettre. Fort rare.

2e — Avec la lettre. **L'Etat reproduit.** Etat publié dans le **Charivari** (no du 18 avril 1871).

3867. — LE CHAR DE L'ÉTAT EN 1871.

(H. 232 millim ; L. 216)

ACTUALITÉS 860

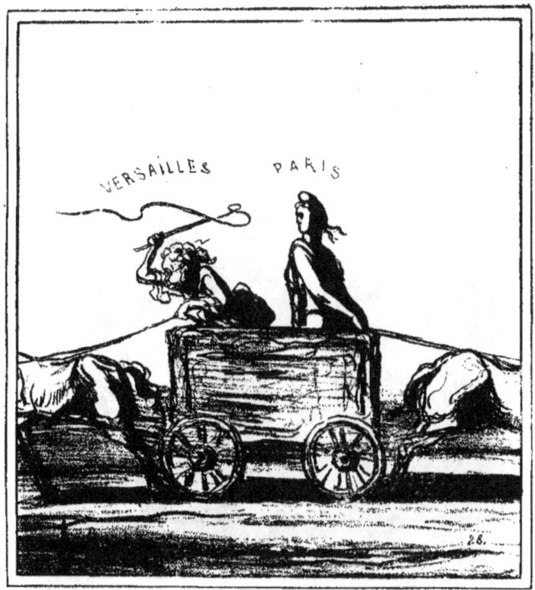

LE CHAR DE L'ÉTAT EN 1871.

(1871). — 2e Etat. (Cat. H. D. 3474 - 2 états décrits).

1er Etat. Avant la lettre. Fort rare.

2e — Avec la lettre. L'Etat reproduit. Etat publié dans le **Charivari** (no du 21 avril 1871).

3868. — LA TRISTESSE DE ROUHER...

(H. 247 millim.; L. 197)

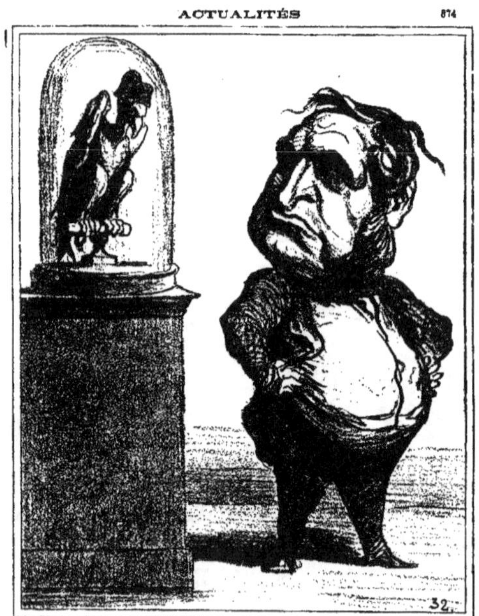

LA TRISTESSE DE ROUHER.
— J'ai eu beau l'empailler de mon mieux, impossible de faire croire qu'il est encore vivant.

(1871). — 2ᵉ *Etat.* (Cat. H. D. 3475).

1ᵉʳ Etat. Avant la lettre. Fort rare.

2ᵉ — Avec la lettre. L'Etat reproduit. Etat publié dans le Charivari (nᵒ du 12 juillet 1871)

3869. — DÉJA RELEVÉE!

(H. 255 millim. ; L. 218)

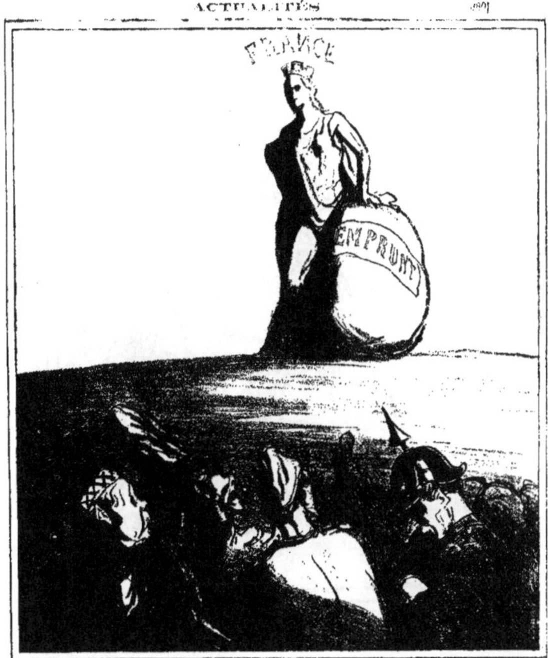

(1871). — 2e *État.* (Cat. H. D. 3476 — 2 états décrits).

1er Etat. Avant la lettre. Fort rare.

2e — Avec la lettre. L'Etat reproduit. Etat publié dans le Charivari (no du 19 juillet 1871).

3870. — JE T'EN AVAIS COMBLÉ, JE T'EN VEUX ACCABLER...

(H. 235 millim. ; L. 290)

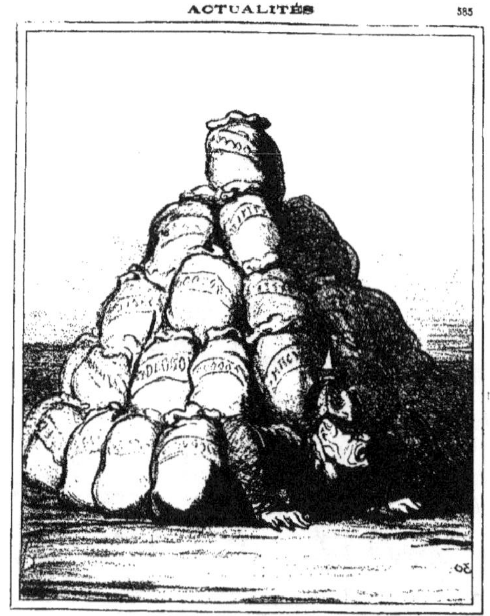

(1871). — 2ᵉ *Etat.* (Cat. H. D. 3477)

1ᵉʳ Etat. Avant la lettre. Fort rare.

2ᵉ — Avec la lettre. L'Etat reproduit, Etat publié dans le Charivari (nº du 2 août 1871).

3871. — REQUIESCAT IN PACE!

(H. 245 millim. ; L. 222)

ACTUALITÉS 889

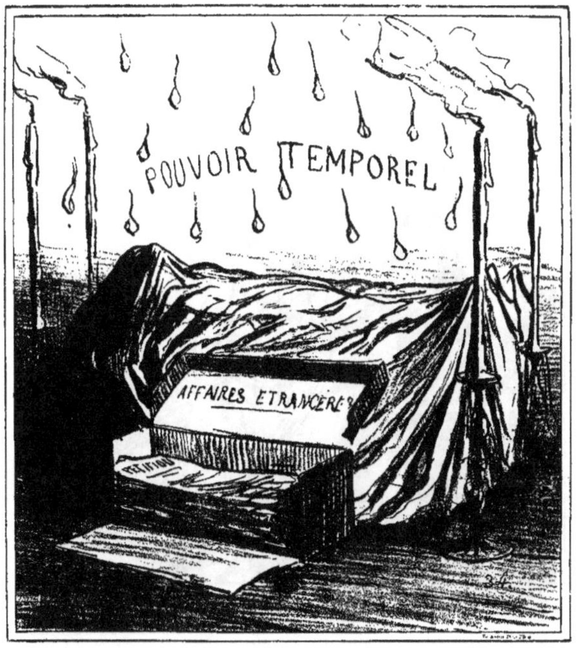

REQUIESCAT IN PACE!

(1871). — 2e *Etat.* (Cat. H. D. 3478 - 2 états décrits).

1er Etat. Avant la lettre. Fort rare.

2e — Avec la lettre. **L'Etat reproduit.** Etat publié dans le **Charivari** (n° du 7 août 1871).

3872. — VA TE FAIRE ACHEVER POUR MOI

(H. 254 millim. ; L. 220)

ACTUALITÉS

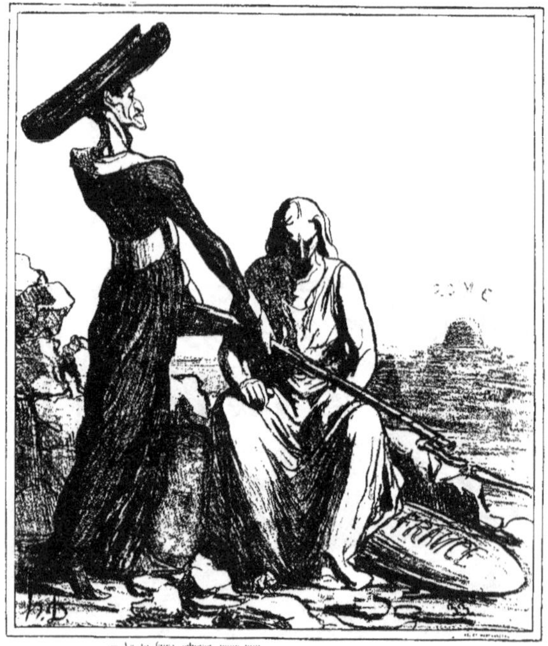

— Va te faire achever pour moi

(1871). 2e *Etat.* (Cat. H. D. 3479 — 2 états décrits).

1er Etat. Avant la lettre. Fort rare.

2e — Avec la lettre. **L'Etat reproduit.** Etat publié dans le **Charivari** (n° du 10 août 1871).

3873. — LA RÉPUBLIQUE DE MILO...

(H. 256 millim.; L. 202)

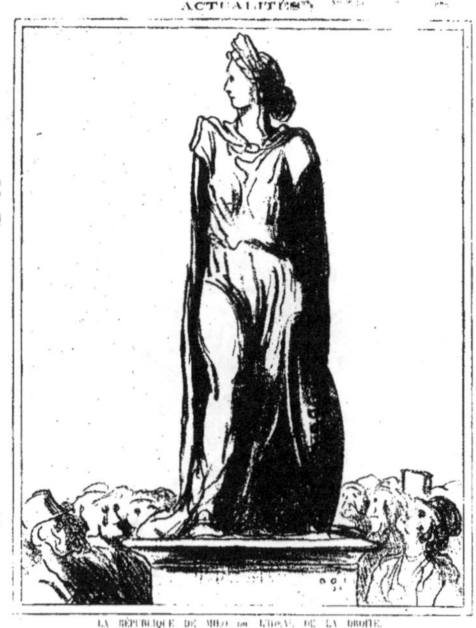

LA RÉPUBLIQUE DE MILO ou L'IDÉAL DE LA DROITE.

(1871). — 2e *Etat.* (Cat. H. D. 3480 — 2 états décrits).

1er Etat. Avant la lettre. Fort rare.

2e — Avec la lettre. **L'Etat reproduit.** Etat publié dans le **Charivari** (no du 16-17 août 1871).

3874. — UNE ASSEMBLÉE MODÈLE...

(H. 234 millim ; L. 194)

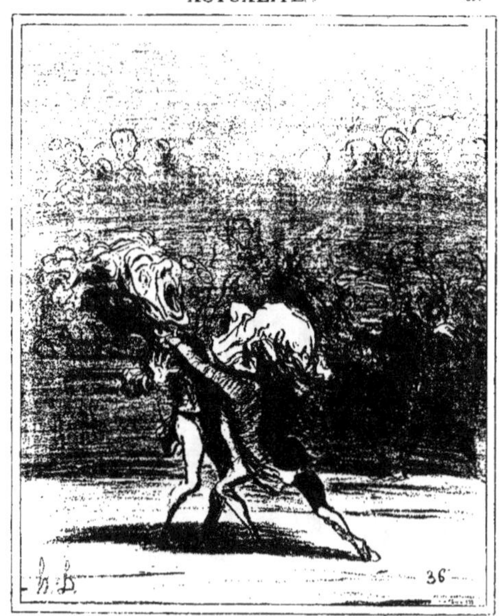

(1871). — 2e *Etat.* (Cat. H. D. 3481).

1er Etat. Avant la lettre. Fort rare.

2e — Avec la lettre. L'Etat reproduit. Etat publié dans le Charivari (no du 19 août 1871).

3875. — CE PAUVRE LOUIS XIV N'EN CROYANT PAS SES YEUX

(H. 268 millim. ; L. 225)

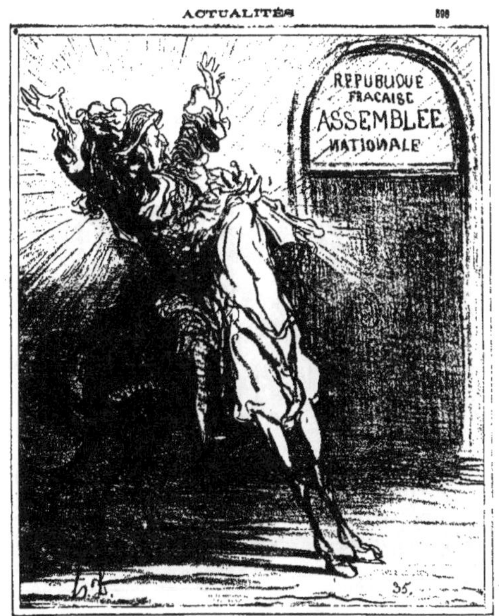

Ce pauvre Louis XIV n'en croyant pas ses yeux.

(1871). (Cat. H. D. 3482).

Lithographie publiée dans le *Charivari* (n° du 21 août 1871).

3876. — REGARDEZ, MAIS N'Y TOUCHEZ PAS!

(H. 260 millim. ; L. 225)

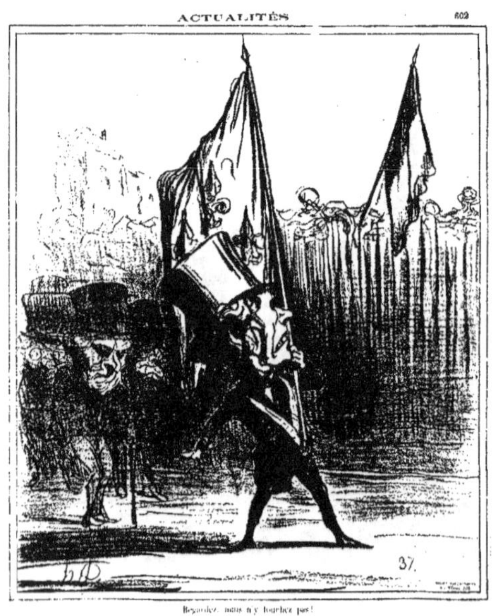

(1871). — 2ᵉ *État.* (Cat. D. 3483 — 2 états décrits).

1ᵉʳ État. Avant la lettre. Fort rare.

2ᵉ — Avec la lettre. **L'État reproduit.** État publié dans le **Charivari** (nᵒ du 25 août 1871).

3877. — LA HACHE QUI LE COUPERA N'EST PAS ENCORE TREMPÉE

(H. 237 millim. ; L. 210)

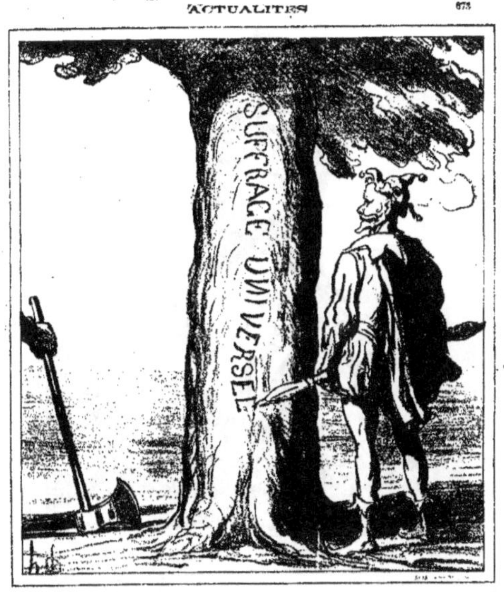

— La hache qui le coupera n'est pas encore trempée.

(1871). — 2e *Etat.* (Cat. H. D. 3499 — 2 états décrits).

1er Etat. Avant la lettre. Fort rare.

2e Avec la lettre. L'Etat reproduit. Etat publié dans le **Charivari** (n° du 7 septembre 1871).

3878. — LE PRÉSIDENT DE RHODES

(H. 231 millim. ; L. 196)

ACTUALITES 606

LE PRÉSIDENT DE RHODES.

(1871). — 2ᵉ *Etat.* (Cat. H. D. 3484 — 2 états décrits).

1ᵉʳ État. Avant la lettre. Fort rare.

2ᵉ — Avec la lettre. L'État reproduit. Etat publié dans le Charivari (nº du 12 septembre 1871).

3879. — CE QUE D'AUCUNS APPELLENT UN PROGRÈS

(L. 235 millim.; H. 203)

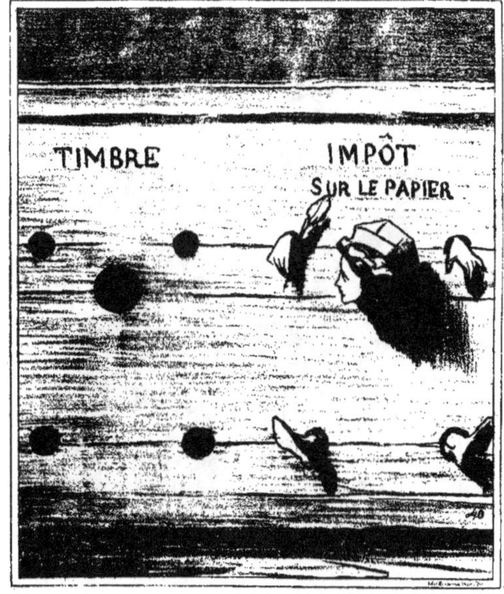

Ce que d'aucuns appellent un progrès.

(1871). — 2e *Etat.* (Cat. H. D. 3485).

1er Etat. Avant la lettre. Fort rare.

2e — Avec la lettre. L'Etat reproduit. Etat publié dans le Charivari (n° du 13 septembre 1871).

3880. — A ROME UN MARTYR EN 1871

(H. 235 millim. ; L. 190)

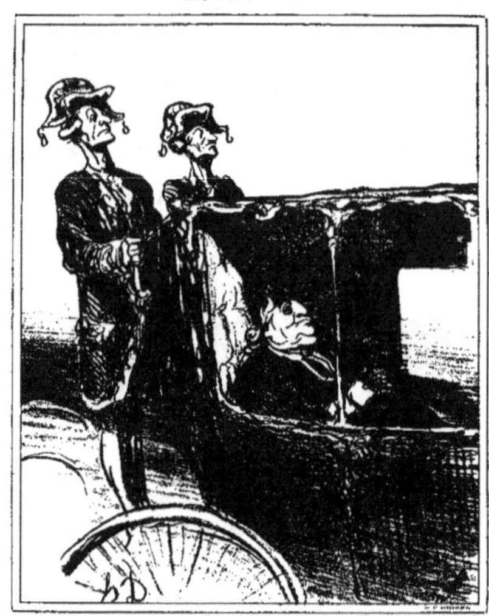

(1871). — 2ᵉ *Etat*. (Cat. H.D. 3486 — 2 états décrits).

1ᵉʳ Etat. Avant la lettre. Fort rare.

2ᵉ — Avec la lettre. L'Etat reproduit. Etat publié dans le Charivari (nᵒ du 18 septembre 1871).

Cette pièce a été reproduite dans Daumier, par *Léon Rosenthal*.

3881. — L'OISELEUR

(H. 236 millim. ; L. 215)

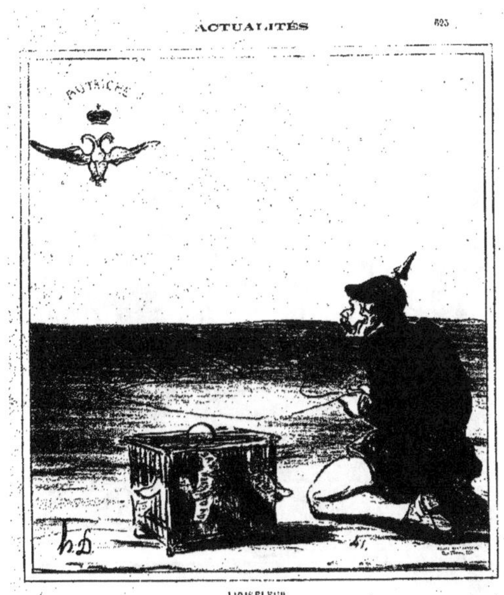

(1871). — 2ᵉ *Etat.* (Cat. H. D. 3487 — 2 états décrits).

1ᵉʳ Etat. Avant la lettre. Fort rare.

2ᵉ — Avec la lettre. L'Etat reproduit. Etat publié dans le Charivari (nᵒ du 25 septembre 1871).

3882. — JE VOUS ASSURE QUE VOUS SEREZ TRÈS BIEN ASSISE

(H. 239 millim. ; L. 195)

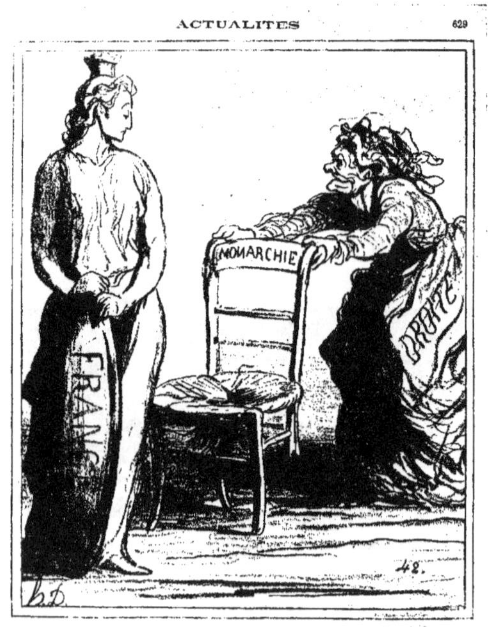

(1871). — 2ᵉ *Etat.* (Cat. H. D. 3488).

1ᵉʳ Etat. Avant la lettre. Fort rare.

2ᵉ — Avec la lettre. L'Etat reproduit. Etat publié dans le Charivari (nº du 29 septembre 1871).

3883. — CHÈRE DAME, AVANT DE NOUS DONNER ..

(H. 235 millim. : L. 194)

ACTUALITES 635

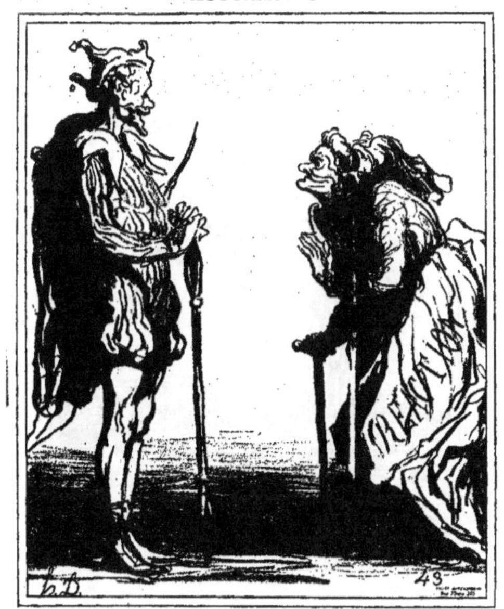

— Chère dame, avant de nous donner une constitution vous ferez bien de soigner la vôtre.

(1871). — 2ᵉ *Etat.* (Cat. H. D. 3489 — 2 états décrits).

1ᵉʳ Etat. Avant la lettre. Fort rare.

2ᵉ — Avec la lettre. L'Etat reproduit. Etat publié dans le Charivari (nᵒ du 6 octobre 1871).

3884. — ROBERT MACAIRE. — TIENS! TIENS!...

(H. 235 millim. ; L. 191)

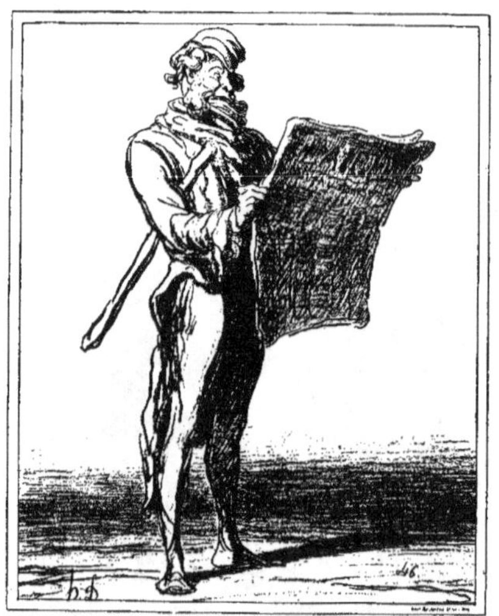

ROBERT MACAIRE — Tiens ! tiens ! puisqu'on parle de le ramener, je vais redemander, moi aussi, ma place de gérant.

(1871). (Cat. H. D. 3490)

Lithographie publiée dans le Charivari (n° du 19 octobre 1871).

3885. — CITOYEN BERTRAND... TU ME FAIS DE LA PEINE...

(H. 257 millim.; L. 190)

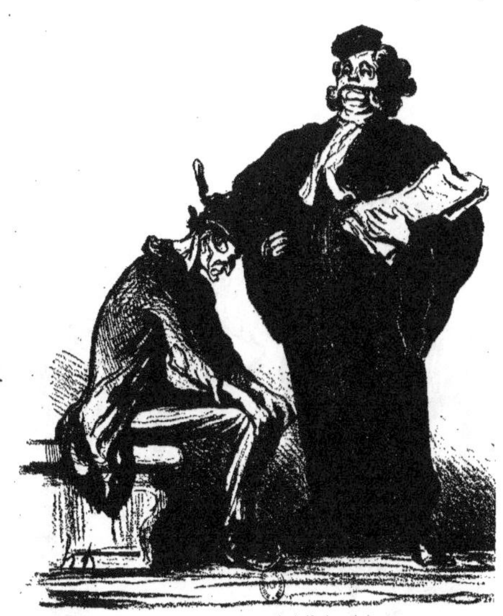

Citoyen Bertrand, mon ami, tu me fais de la peine, parole d'honneur! désespérer ainsi de la belle patrie, c'est du propre !... Il y a toujours à fricoter ici, mon bonhomme, faut seulement changer de cuisine.

(Dessin par Daumier.)

(1871). (Cat. H D. 3953).

Cette planche qui reproduit un dessin de Daumier par le procédé Lefman, à été publiée dans la **Revue Comique** (nº du 22 octobre 1871). Cette revue fondée par Bertall et Jules Laffitte, n'eut qu'une durée éphémère. Le premier nº parut le 15 octobre 1871 et le nº 10 et dernier, le 17 décembre de la même année.

M. Raymond Escholier a publié, dans son **Daumier, Peintre et Lithographe**, une lettre qui se rattache à cette planche : « Paris, 23 octobre 1891, Monsieur, j'ai l'honneur de vous adresser, sous ce pli, la somme de « 50 francs, de la part de M. Bertall. Il est en courses, ce qui l'empêche de vous écrire lui-même. Si « vous le voulez bien, ce prix nous servira de base pour l'avenir. Nous comptons sur votre bonne « obligeance, pour que votre collaboration à la *Revue Comique* soit la plus fréquente possible. Si vous « ne devez pas revenir bientôt à Paris, vous seriez bien aimable de nous écrire un mot, et si vous le « voulez bien, nous vous enverrons des pierres à la campagne, à moins que vous ne préfériez le papier « lithographique.

« Si vous vouliez bien nous préparer deux ou trois autres dessins à l'avance, cela nous rendrait un « grand service...

C. Laffitte.

3886. —

(H. 255 millim. ; L. 215)

ACTUALITES

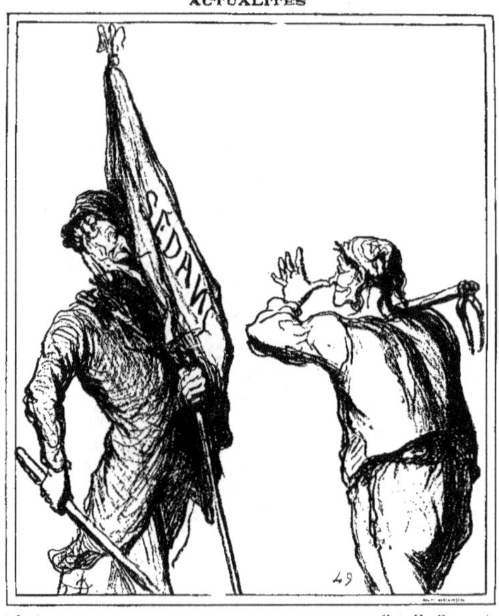

(1871). (Cat. H. D. 3491).

Planche, sans autre légende qu'une ligne de points, publiée dans le Charivari (nº du 24 octobre 1871).

3887. — APRÈS LA POMPE A SANG, LA POMPE A OR.

(H. 231 millim.; L. 188)

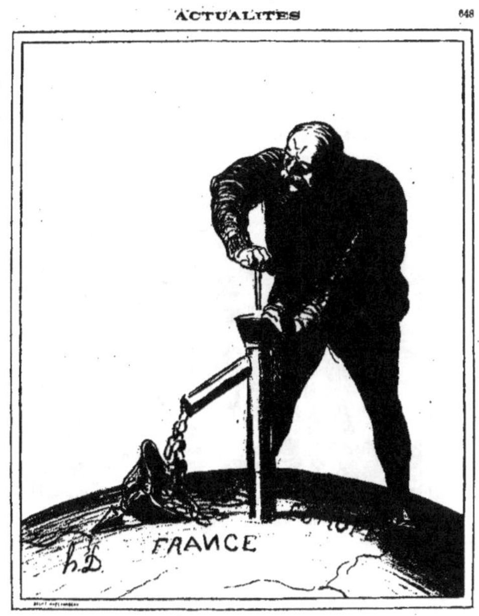

Après la pompe à sang, la pompe à or.

(1871). — 2e *Etat*. (Cat. H. D. 3492 — 2 états décrits).

1er Etat. Avant la lettre. Fort rare.

2e — Avec la lettre. **L'Etat reproduit**. Etat publié dans le **Charivari** (n° du 26 octobre 1871).

3888. — VOUS N'AVEZ PAS BESOIN DE ME RAPPELER SES TITRES ..

(H. 238 millim. ; L. 190)

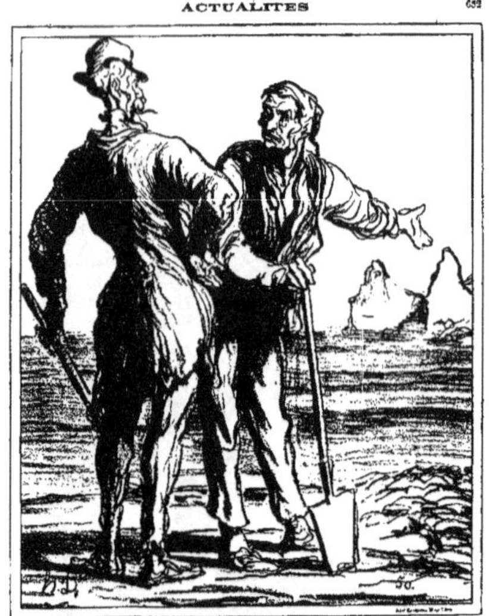

(1871). — 2ᵉ *État*. (Cat. H. D. 3493 — 2 états décrits).

1ᵉʳ État. Avant la lettre. Fort rare.

2ᵉ — Avec la lettre. L'Etat reproduit. État publié dans le Charivari (nᵒ du 1ᵉʳ novembre 1871).

VENTE : Ch. Malherbe (1912). 1ᵉʳ état, 250 fr.

3889. — CE QUI RAMÈNERA .. NOS DÉPUTÉS A PARIS.

(H. 231 millim. ; L. 188)

ACTUALITES 661

Ce qui ramènera malgré eux nos députés à Paris.

(1871). (Cat. H. D. 3494).

Lithographie publiée dans le Charivari (n° du 14 novembre 1871).

3890. — AVIS AUX AMATEURS.

(H. 230 millim. ; L. 208)

ACTUALITES

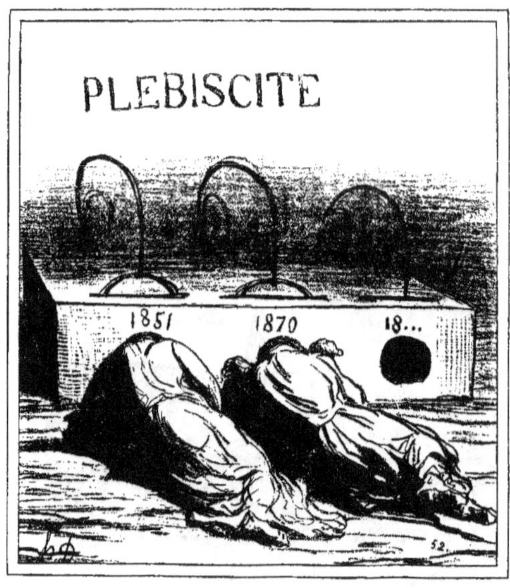

AVIS AUX AMATEURS.

(1871). — 2e État. (Cat. H. D. 3495 — 2 états décrits).

1er État. Avant la lettre. Fort rare.

2e — Avec la lettre. L'État reproduit. Etat publié dans le Charivari (n° du 22 novembre 1871).

3891. – TIREZ, ÇA FAIT ÉQUILIBRE.

(H. 230 millim.; L. 205)

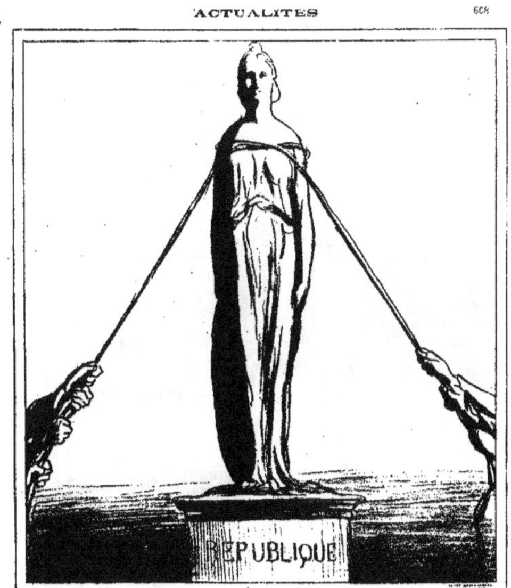

— Tirez, ça fait équilibre.

(1871). — 2e *Etat*. (Cat. H. D. 3496 — 2 états décrits).

1er Etat. Avant la lettre. Fort rare.

2e — Avec la lettre. L'Etat reproduit. Etat publié dans le Charivari (n° du 25 novembre 1871).

3892. — RATAPOIL... ILS COMMENCENT A CONNAITRE LE TOUR

(H. 230 millim. ; L. 199)

ACTUALITES

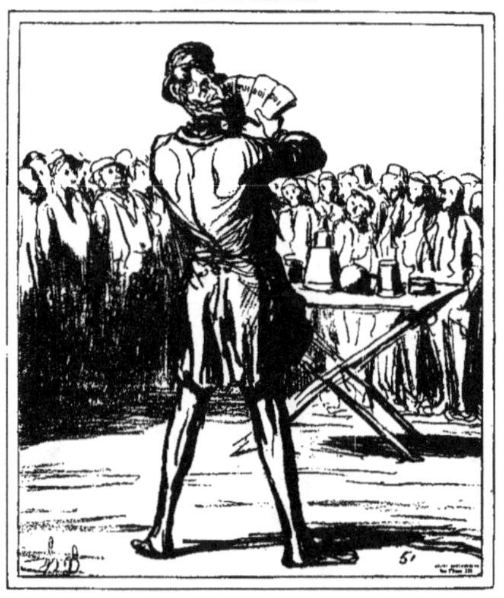

RATAPOIL (à part). — Je crois qu'ils commencent à connaître le tour.

(1871). — 2e *Etat.* (Cat. H. D. 3497).

1er Etat. Avant la lettre. Fort rare.

2e — Avec la lettre. L'Etat reproduit. Etat publié dans le Charivari (no du 27 novembre 1871).

3893. — PRENEZ GARDE, MADAME LA MAJORITÉ !

(H. 258 millim. ; L. 220)

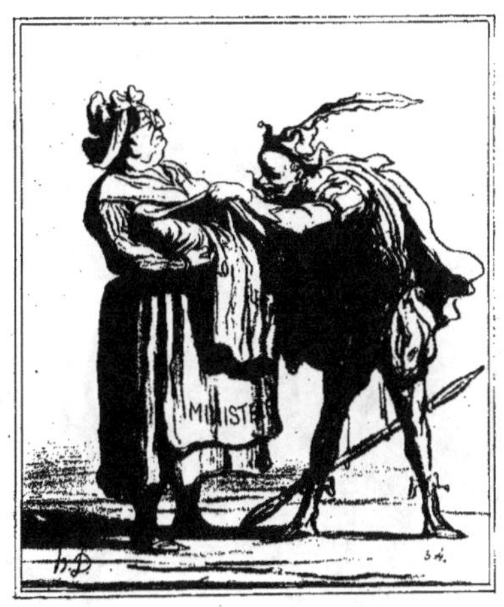

(1871). — *1er État.* (Cat. H. D. 3498 — 2 états décrits).

1er Etat. Avant la lettre. Fort rare. L'Etat reproduit.

2e — Avec la lettre. Etat publié dans le Charivari (nº du 29 novembre 1871).

3894. — BONHEUR DE SE REVOIR...

(H. 237 millim. ; L. 206)

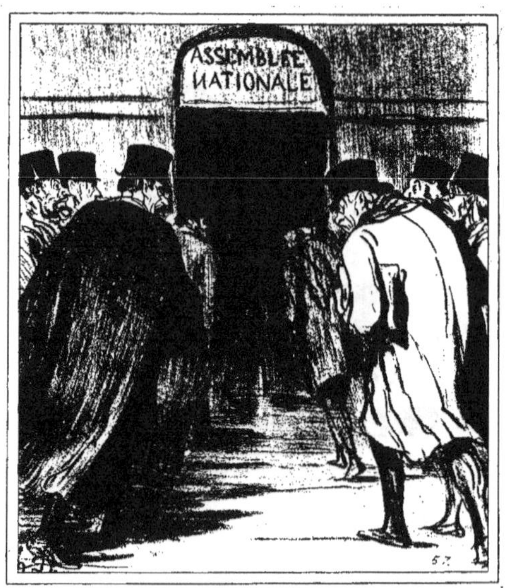

(1871). — *1er Etat.* (Cat. H. D. 3500)

1er Etat. Avant la lettre. Fort rare. L'Etat reproduit.

2e — Avec la lettre. Etat publié dans le Charivari (n° du 4 décembre 1871).

3895. — L'HUITRE ET LES PLAIDEURS

(H. 232 millim.; L. 215).

ACTUALITÉS

L'HUITRE ET LES PLAIDEURS.

(1871). — 2e *État.* (Cat. H. D. 3501 — 2 états décrits).

1er État. Avant la lettre. Fort rare.

2e — Avec la lettre. L'État reproduit. État publié dans le Charivari (n° du 7 décembre 1871).

3896. — EN ATTENDANT QUE LA QUESTION... SOIT RÉSOLUE

(H. 228 millim.; L. 199).

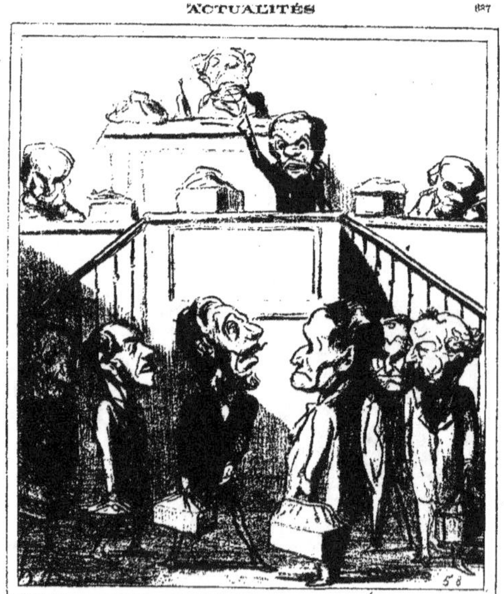

En attendant que la question du retour à Paris soit résolue.

(1871). — 2e *Etat.* (Cat. H. D. 3502 — 2 états décrits).

1er Etat. Avant la lettre. Fort rare.

2e — Avec la lettre. L'Etat reproduit. Etat publié dans le Charivari (no du 19 décembre 1871).

3897. — PAS CONTENT LOUIS XIV......

(H. 232 millim. ; L. 193)

ACTUALITÉS 690

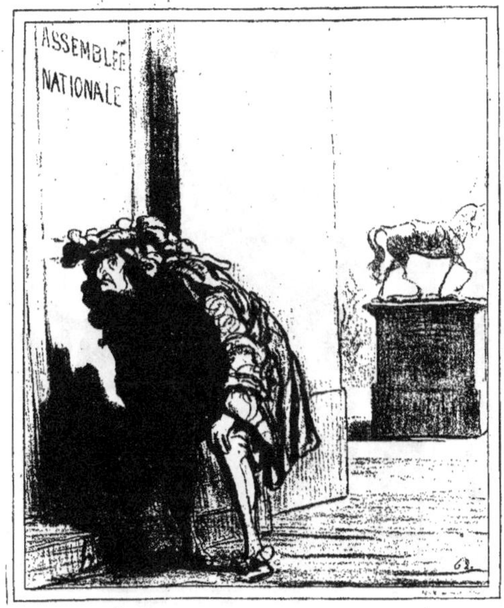

Pas content Louis XIV de la tournure que cela prend pour les Bourbons.

(1871). — 2° *Etat.* (Cat. H. D. 3503. — 2 états décrits).

1er Etat. Avant la lettre. Fort rare.

2° — Avec la lettre. L'Etat reproduit. Etat publié dans le **Charivari** (n° du 22 décembre 1871).

3898. — BIEN VEXÉS DE NE PAS TROUVER... LA COURONNE

(H. 234 millim. ; L. 195).

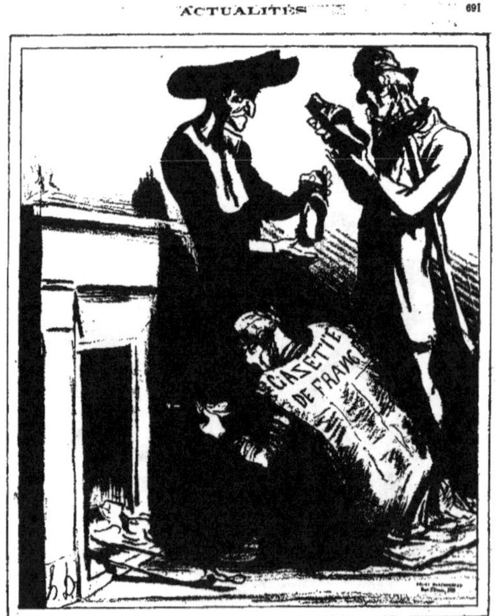

Bien vexés de ne pas trouver dans leurs souliers de Noël la couronne qu'ils attendaient !

(1871). — 2e *État*. (Cat. H. D. 3504. 2 états décrits).

1er État. Avant la lettre. Fort rare.

2e — Avec la lettre. **L'État reproduit.** État publié dans le **Charivari** (n° du **25 décembre** 1871).

3899. — MERCI, JE SORS D'EN PRENDRE

(H. 233 millim. ; L. 200)

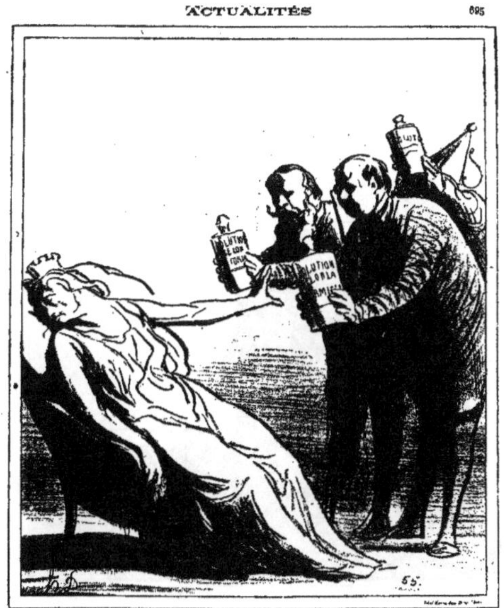

— Merci : Je sors d'en prendre !

(1871). — 2ᵉ *Etat.* (Cat. H. D. 3505).

1ᵉʳ **Etat.** Avant la lettre. Fort rare.

2ᵉ — Avec la lettre. L'**Etat reproduit.** Etat publié dans le **Charivari** (nº du 29 décembre 1871).

3900. — (RENOUVELÉ DE LA FABLE DE L'ASTROLOGUE)

(H. 249 millim. ; L. 215).

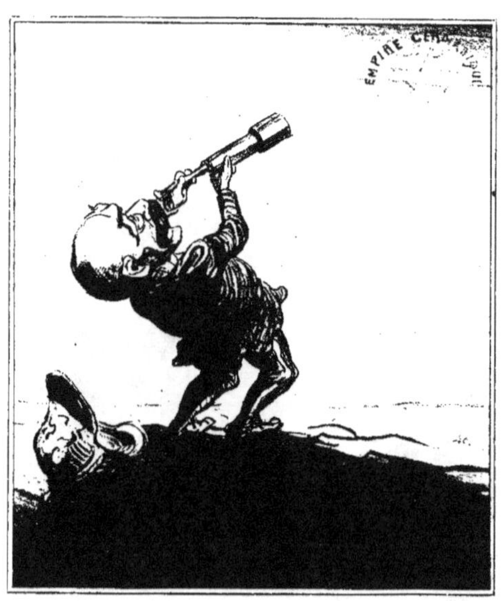

(1871). (Cat. H. D. 3372).

Cette lithographie qui représente Bismarck contemplant l'étoile de l'Empire germanique, n'a pas été publiée ; nous n'en connaissons que deux épreuves.

VENTES : Anonyme (6-7 mai 1920), 255 fr. ; Anonyme (29 mars 1924), la même épreuve 600 fr.

3901. — LA MAUDITE!

(H. 232 millim.; L. 196)

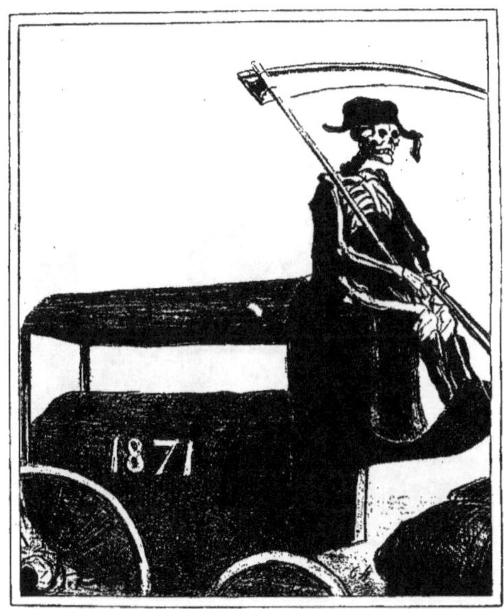

LA MAUDITE!

(1872). — 2e *Etat.* (Cat. H. D. 3376. — 2 états décrits).

1er **Etat.** Avant la lettre. Fort rare.

2e — Avec la lettre. **L'Etat reproduit.** Etat publié dans le **Charivari** (no du 1er janvier 1872).

3902. — NOTRE DERNIER GATEAU DES ROIS

(H. 231 millim. ; L. 190)

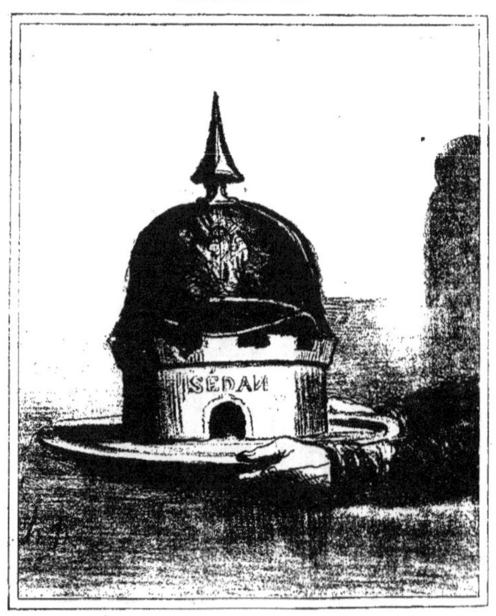

(1872) (Cat. H. D. 3377).

Lithographie publiée dans le Charivari (n° du 8 janvier 1872).

3903. — FAISANT LE MÉNAGE

(H. 234 millim. ; L. 201)

ACTUALITÉS

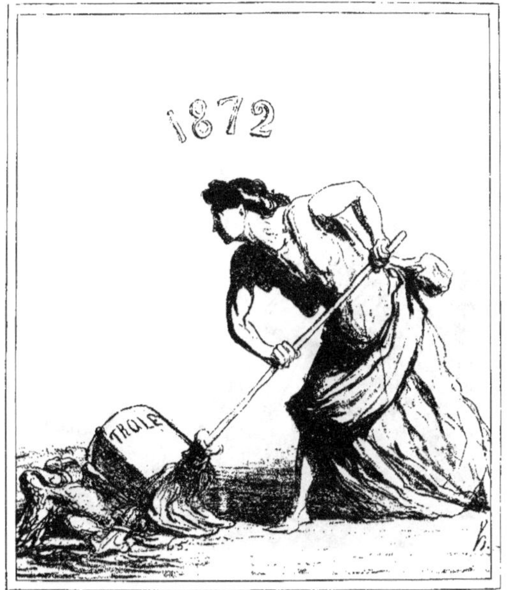

Faisant le ménage

(1872). — 2ᵉ *Etat*. (Cat. H. D. 3378 — 2 états décrits).

1ᵉʳ Etat. Avant la lettre. Fort rare.

2ᵉ — Avec la lettre. L'Etat reproduit. Etat publié dans le Charivari (nᵒ du 11 janvier 1872).

3904. — LA TOILE!!!

(H. 231 millim. ; L. 196)

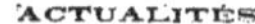

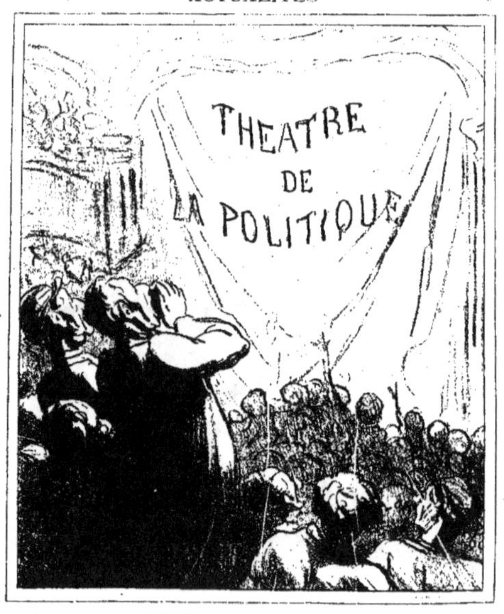

— La toile!!!

(1872). 2e *Etat*. (Cat. H. D. 3379).

1er **Etat**. Avant la lettre. Fort rare.

2e — Avec la lettre. L'**Etat reproduit**. Etat publié dans le **Charivari** (n° du 13 janvier 1872).

3905. — LES TRAINS PARLEMENTAIRES. UN MEMBRE DE LA DROITE.

(H. 226 millim. : L. 198)

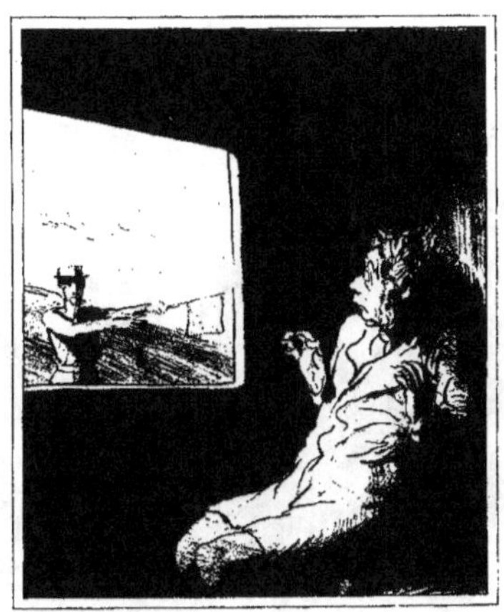

(1872). — *1er Etat.* (Cat H. D. 3380).

1er **Etat.** Avant la lettre. Fort rare. **L'Etat reproduit**

2e — Avec la lettre. Etat publie dans le **Charivari** (n° du 22 janvier 1872)

VENTE : Anonyme (18 novembre 1915), 1er état, 82 fr.

3906 — LES TRAINS PARLEMENTAIRES. VENANT DE PARLER...

(H. 230 millim.; L. 196)

ACTUALITÉS 26

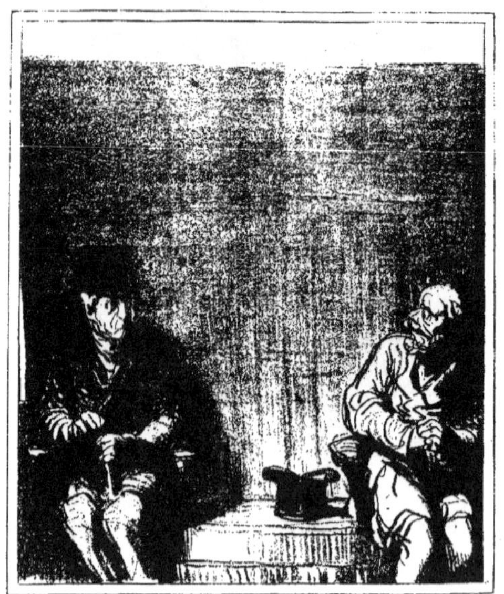

LES TRAINS PARLEMENTAIRES.

Venant de parler *pour* et *contre*.

(1872) (Cat. H. D. 3381).

Lithographie publiée dans le **Charivari** (n° du 27 janvier 1872).

VENTE : Anonyme (9 mars 1918), 1er état, 260 fr.

3907. — MON BON AMI, FAITES-MOI LE PLAISIR DE SIGNER...

(H. 231 millim. ; L. 188)

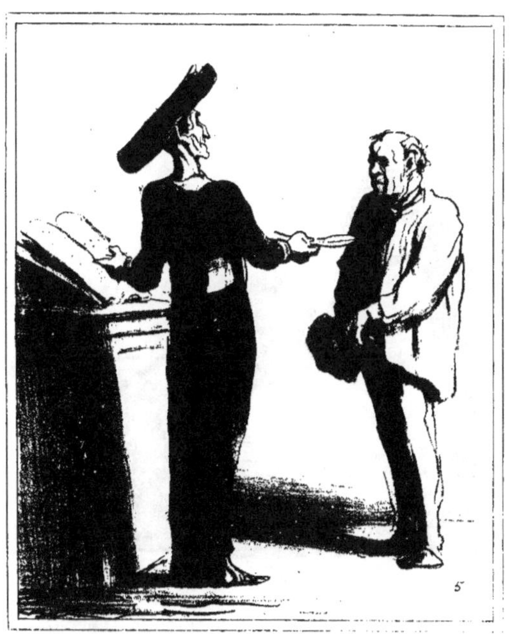

(1872). *1er Etat.* (Cat. H. D. 3383 - 2 états décrits).

1er Etat. Avant la lettre. Fort rare. **L'Etat reproduit.**

2e — Avec la lettre. Etat publié dans le **Charivari** (n° du 6 février 1872).

VENTES : Ch. Malherbe (1912), 1er état, 205 fr. ; Anonyme (18 novembre 1915), 1er état, 75 fr.

3908. — BASILE A PEUR.

(H. 233 millim. ; L. 202)

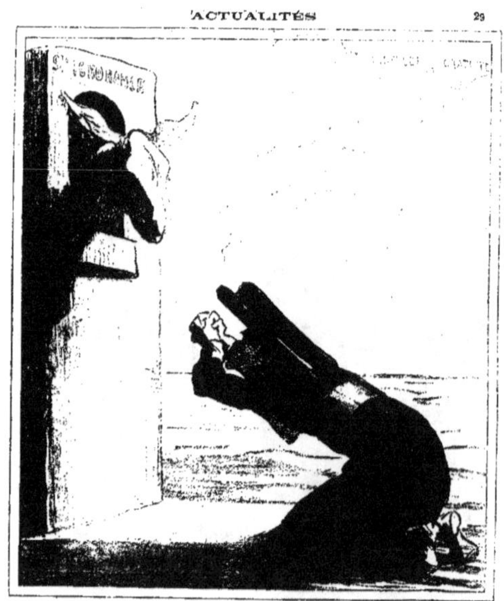

BASILE A PEUR.

(1872). — 2e *Etat*. (Cat. H. D. 3384 – 2 états décrits).

1er Etat. Avant la lettre. Fort rare.

2e — Avec la lettre. L'Etat reproduit. Etat publié dans le Charivari (n° du 9 février 1872).

VENTES : Ch. Malherbe (1912), 1er état, 155 fr. : Anonyme (18 novembre 1915), 1er état, 155 fr.

3909. — QUI ABAT LA RÉPUBLIQUE?...

(H. 232 millim. : L. 204)

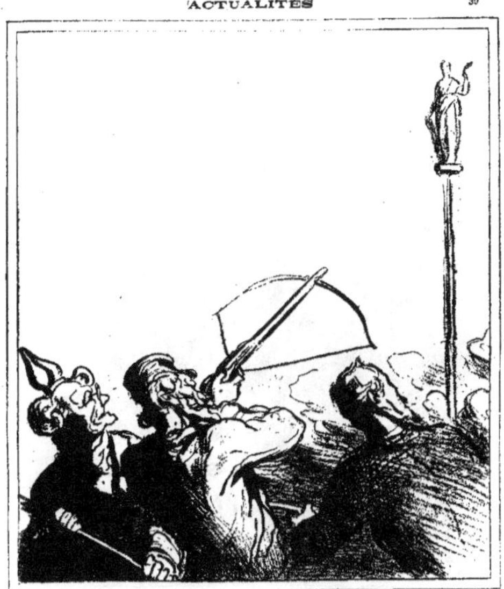

QUI ABAT LA RÉPUBLIQUE?...
— Trop haut, ce but là, messieurs, pour que vous l'atteigniez!

(1872). — 2e *Etat*. (Cat. H. D. 3385 — 2 états décrits).

1er Etat. Avant la lettre. Fort rare.

2e — Avec la lettre. L'Etat reproduit. Etat publié dans le Charivari (n° du 26 février 1872).

3910. — SATANÉ DRAPEAU !...

(H. 231 millim. ; L. 203)

ACTUALITÉS 42

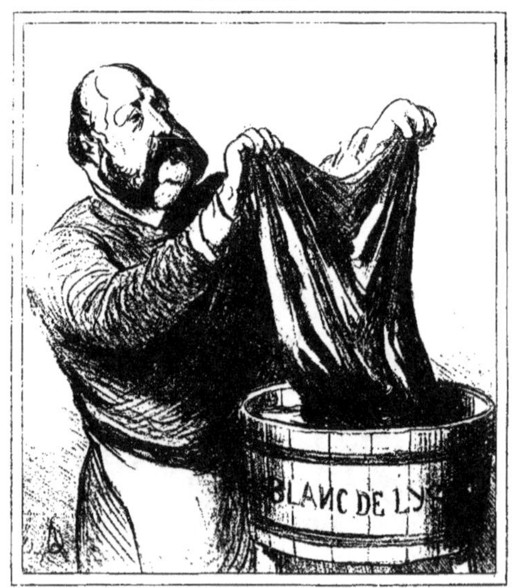

— Satané drapeau !... Impossible de faire passer la couleur !

(1872 — 2e *Etat.*) (Cat. H. D. 34).

1er **Etat.** Avant la lettre. Fort rare.

2e — Avec la lettre. **L'Etat reproduit.** Etat publié dans le **Charivari** (no du 2 mars 1872).

Le portrait est celui du Comte de Chambord.

3911. — PAS PRUDENT... DE FROTTER DES ALLUMETTES SUR LES BARILS...

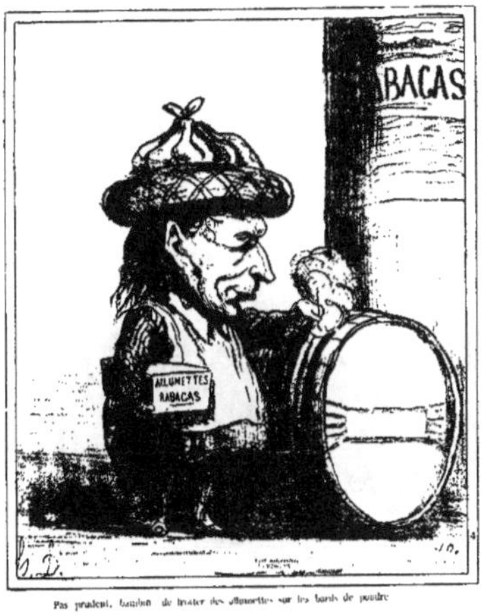

(1872). — 2ᵉ *Etat*. (Cat. H. D. 168 — 2 états décrits).

1ᵉʳ Etat. Avant la lettre. Fort rare.

2ᵉ — Avec la lettre. L'Etat reproduit. Etat publié dans le Charivari (nº du 4 mars 1872).

Le portrait est celui de Victorien Sardou.

3912. — ET CECI S'IMAGINE FAIRE RECULER CELA!

(H. 231 millim.; L. 211).

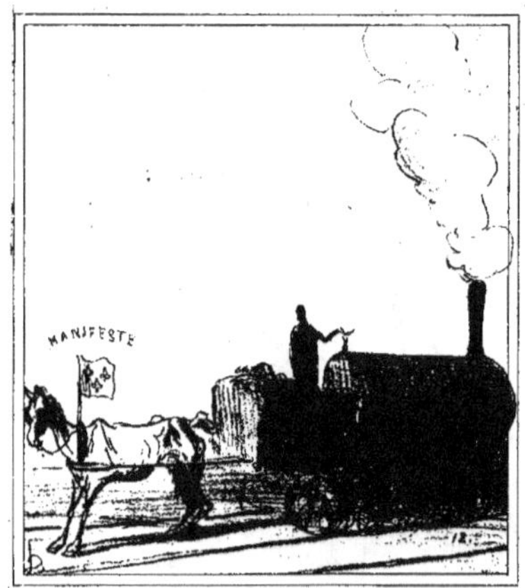

(1872). — *1er Etat.* (Cat. H. D. 3386).

1er Etat. Avant la lettre. Fort rare. **L'Etat reproduit.**

2e — Avec la lettre. Etat publié dans le **Charivari** (no du 8 mars 1872).

3913. — LA FUSION

(H. 231 millim.; L. 190)

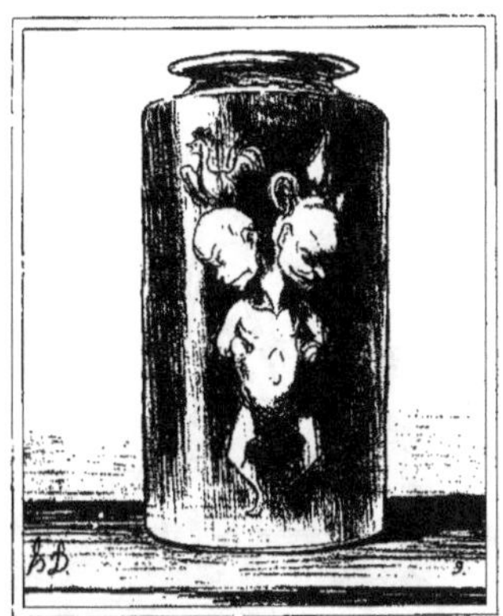

(1872). — 1er *Etat.* (Cat. H. D. 3387 — 2 états décrits).

1er Etat. Avant la lettre. Fort rare. L'Etat reproduit.

2e — Avec la lettre. Etat publié dans le Charivari (n° du 16 mars 1872).

3914. — LE HIC C'EST QUAND IL S'AGIT DE LUI METTRE UNE TÊTE

(H. 246 millim.; L. 225)

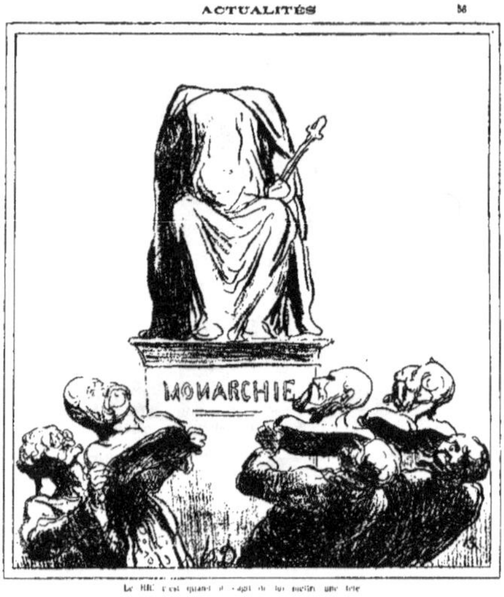

(1872). — 3e *Etat.* (Cat. H. D. 3388 — 3 états décrits).

1er Etat. Avant la lettre : On lit en marge tracé au crayon lithographique et à rebours, je prie M. Marchandeau de faire l'encadrement tel qu'il est indiqué. Fort rare.

2e — Avant la lettre, l'inscription effacée. Fort rare.

3e — Avec la lettre. **L'Etat reproduit.** Etat publié dans le **Charivari** (n° du 25 mars 1872).

3915. — PAS MÈCHE!!!

(H. 226 millim.; L. 187)

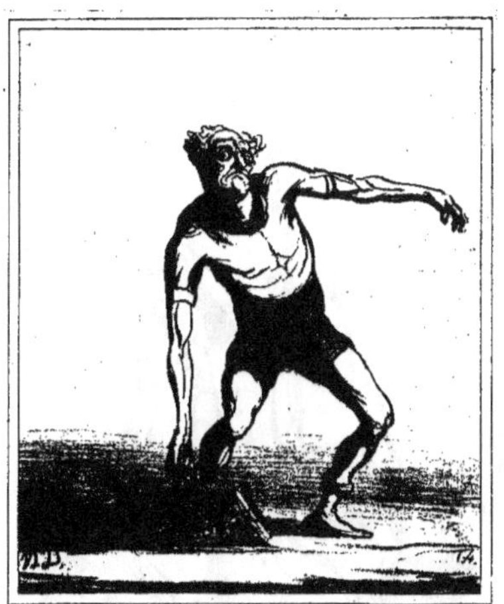

(1872). — 1er *Etat*. (Cat. H. D. 3389 — 2 états décrits).

1er Etat. Avant la lettre. Fort rare. L'Etat reproduit.

2e — Avec la lettre. Etat publié dans le Charivari (nº du 28 mars 1872).

VENTE : Anonyme (25 octobre 1917), 1er état, 80 fr.

3916. — LE JEU DE L'ÉTEIGNOIR...

(H. 232 millim. ; L. 205)

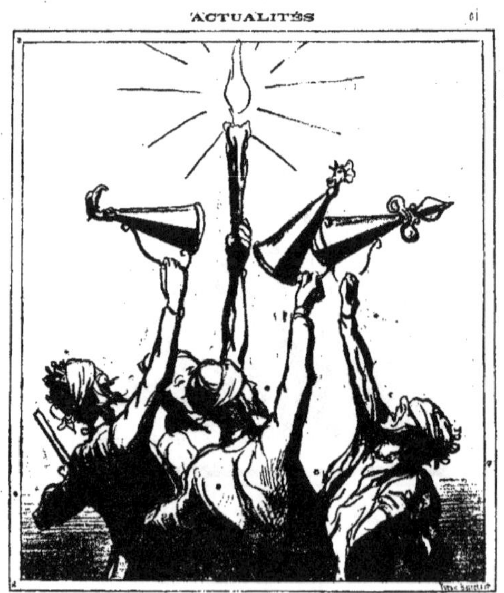

(1872). — 2ᵉ *Etat*. (Cat. H. D. 3390 — 2 états décrits).

1ᵉʳ Etat. Avant la lettre. Fort rare.

2ᵉ — Avec la lettre. L'Etat reproduit. Etat publié dans le Charivari (nᵒ du 1-2 avril 1872).

VENTE : Anonyme (18 novembre (1915), 1ᵉʳ état, avec 3 autres planches, 95 fr.

3917. — AH ! SI J'ÉTAIS LE ROI D'ESPAGNE...

(H. 237 millim. ; L. 232)

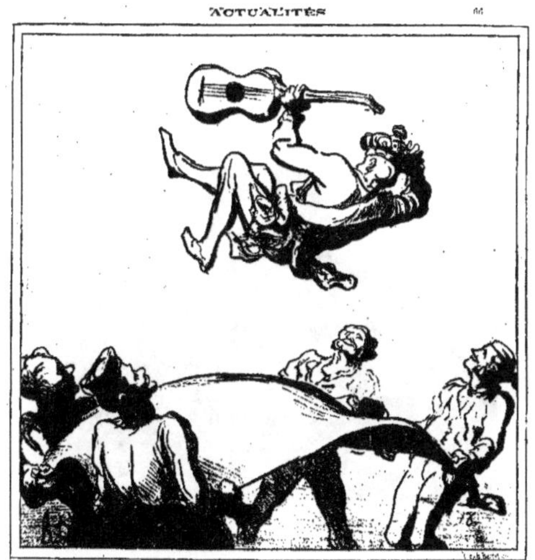

(1872). — 2ᵉ *Etat*. (Cat. H. D. 3391 — 2 états décrits).

1ᵉʳ Etat. Avant la lettre. Fort rare.

2ᵉ — Avec la lettre. L'Etat reproduit. Etat publié dans le Charivari (nᵒ du 9 avril 1872).

3918. — C'EST DANGEREUX, LA PÊCHE A L'ÉPERVIER

(H. 240 millim.; L. 222)

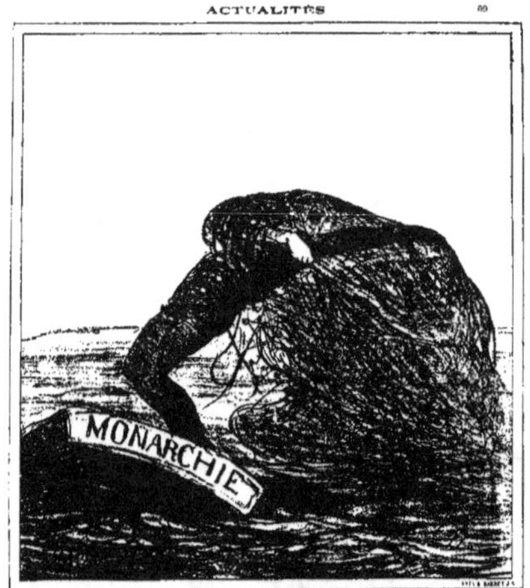

(1872). — 2ᵉ *Etat.* (Cat. H. D 3392).

1ᵉʳ Etat. Avant la lettre. Fort rare.

2ᵉ — Avec la lettre. **L'Etat reproduit.** Etat publié dans le **Charivari** (nᵒ du 13 avril 1872).

3919. — PAS ÉTONNANT QUE CE SOIT LONG...

(H. 228 millim. ; L. 209)

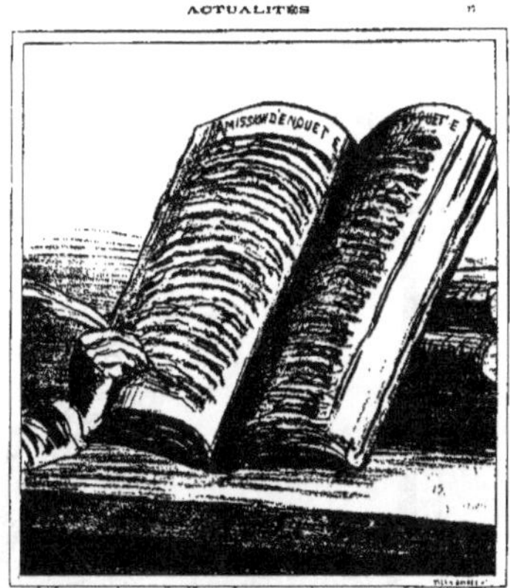

(1872). — 2ᵉ *Etat*. (Cat. H. D. 3393 — 2 états décrits).

1ᵉʳ Etat. Avant la lettre. Fort rare.

2ᵉ — Avec la lettre. L'Etat reproduit. Etat publié dans le Charivari (nᵒ du 24 avril 1872).

3920 — OU IL N'Y A PLUS DE SÈVE...

(H. 230 millim. ; L. 211)

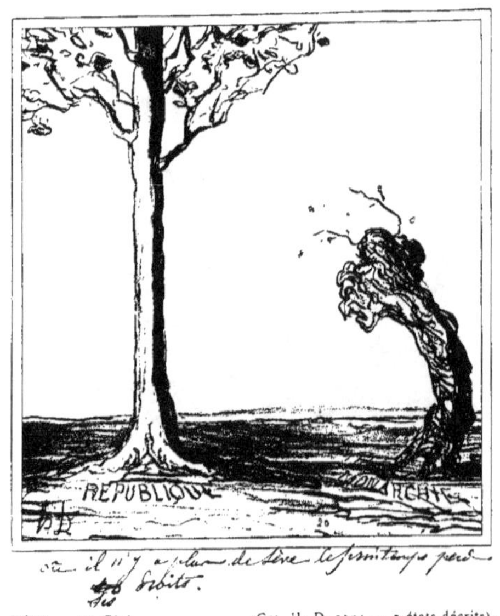

(1872). — *1er Etat.* (Cat. H. D. 3394 — 2 états décrits).

1er Etat. Avant la lettre. Fort rare. L'Etat reproduit.

2e — Avec la lettre. Etat publié dans le Charivari (no du 29 avril 1872).

3921. — CETTE MALLE N'EST A PERSONNE...

(H. 237 millim.; L. 226)

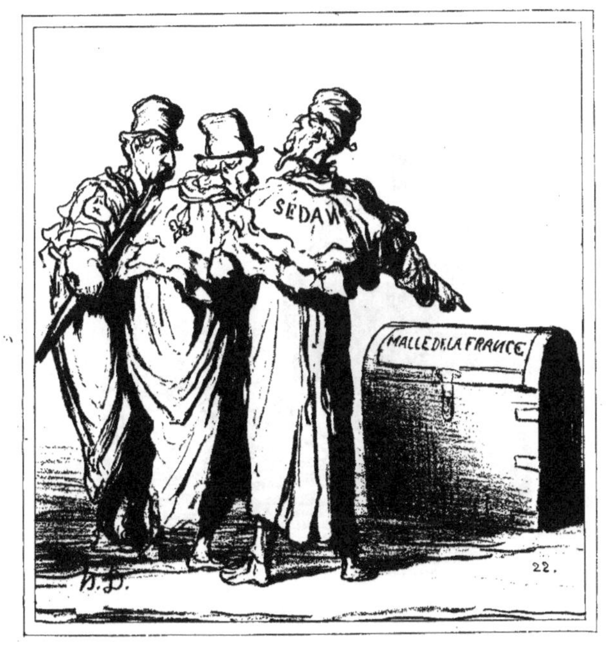

(1872). — *1er Etat.* (Cat. H. D. 3595 2 états décrits).

1er Etat. Avant la lettre. Fort rare. L'Etat reproduit Collection de M. P. Laurans.

2e — Avec la lettre. Etat publié dans le Charivari (n° du 6 mai 1872).

VENTE : Anonyme (18 novembre 1915), 1er état, 151 fr.

3922. — PAUVRE M. ROUHER !...

(H. 241 millim. ; L. 225)

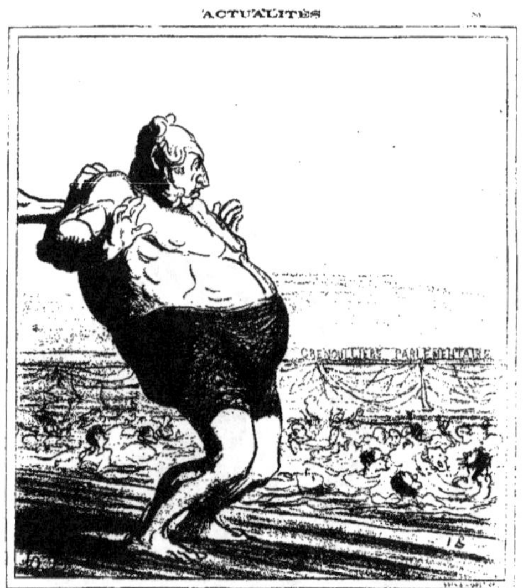

PAUVRE M. ROUHER !

(1872). (Cat. H. D. 3396).

Lithographie publiée dans le Charivari (nº du 9 mai 1872).

3923. — PROJET... POUR LE RAPPORT D'AUDIFFRET

(H. 231 millim. ; L. 190)

ACTUALITÉS

PROJET D'ILLUSTRATION POUR LE RAPPORT D'AUDIFFRET

(1872). — 2e *Etat*. (Cat. H. D. 3397 — 2 états décrits).

1er Etat. Avant la lettre. Fort rare.

2e — Avec la lettre. L'Etat reproduit. Etat publié dans le Charivari (nº du 13 mai 1872).

3924. — SANS UN... CHEF... COMME ON AURAIT DÉRAILLÉ.

(H. 257 millim. ; L. 224)

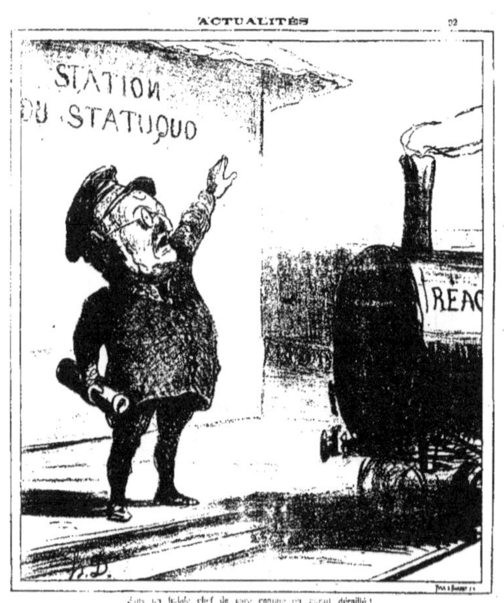

(1872). — 2ᵉ *Etat.* (Cat. H. D. 3398 — 2 états décrits).

1ᵉʳ Etat. Avant la lettre. Fort rare.

2ᵉ — Avec la lettre. L'État reproduit. Etat publié dans le Charivari (nº du 15 mai 1872).

3925. — SI LES OUVRIERS SE BATTENT...

(H. 230 millim. ; L. 212)

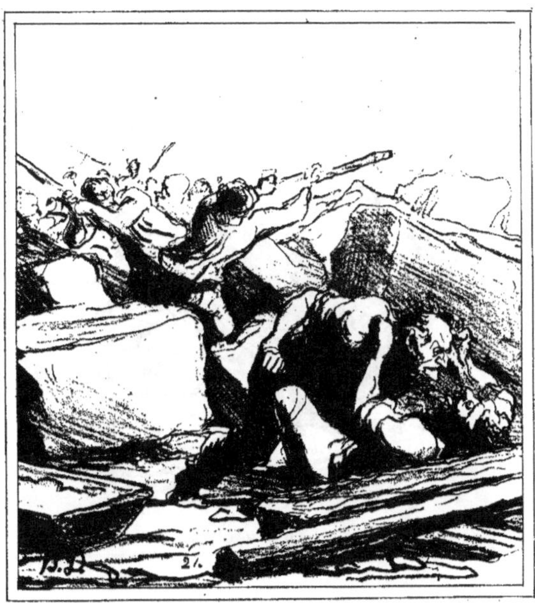

(1872) — 1er *Etat.* (Cat. H. D. 3399 — 2 états décrits).

1er Etat. Avant la lettre. Fort rare. **L'État reproduit.**

2e — Avec la lettre. Etat publié dans le **Charivari** (no du 17 mai 1872).

3926. — JE NE POURRAI JAMAIS LAVER TOUT ÇA.

(H. 268 millim. : L. 218)

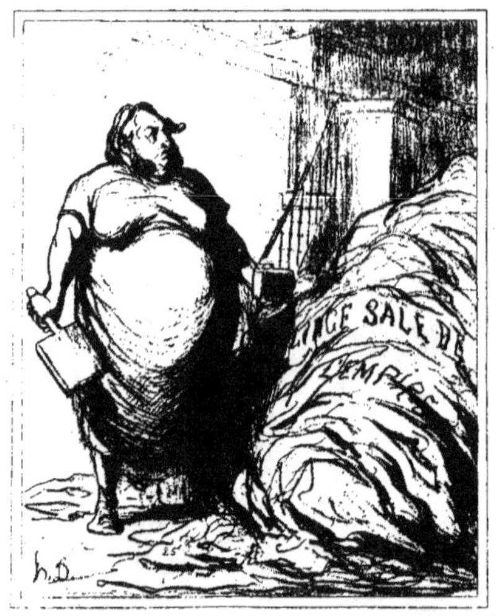

(1872). — 1er *Etat*. (Cat. H. D. 3400 — 2 états décrits).

1er Etat. Avant la lettre. Fort rare. L'Etat reproduit.

2e — Avec la lettre. Etat publié dans le Charivari (n° du 20-21 mai 1872).

3927. — AVIS AUX AMATEURS... S'IL Y EN AVAIT EN FRANCE

(H. 253 millim. ; L. 221)

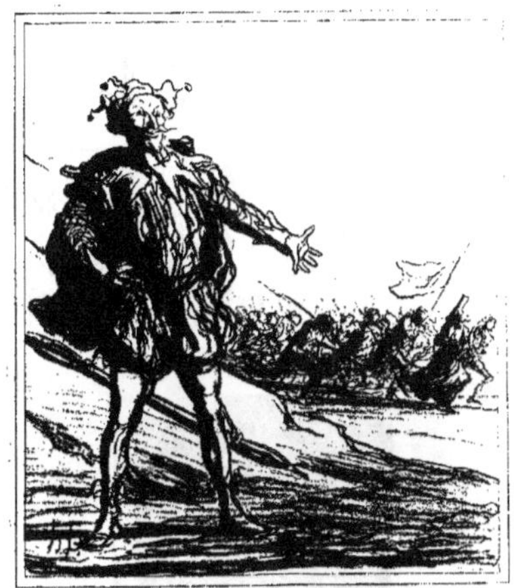

(1872). — *1er Etat.* (Cat. H. D. 3401 — 2 états décrits).

1er Etat. Avant la lettre. Fort rare. L'État reproduit.

2e — Avec la lettre. Etat publié dans le Charivari (n° du 25 mai 1872).

VENTE : Anonyme (18 novembre 1915), 1er état, 75 fr.

3928. — LE PEUPLE SOUVERAIN

(H. 312 millim. ; L. 263)

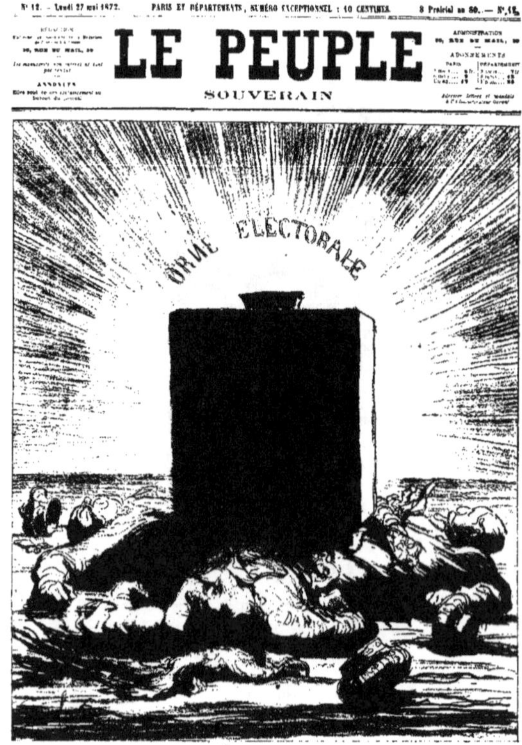

N° 12. — Lundi 27 mai 1872. PARIS ET DÉPARTEMENTS, NUMÉRO EXCEPTIONNEL : 10 CENTIMES. 8 Prairial an 80. — N° 12.

LE PEUPLE SOUVERAIN

ADMINISTRATION

ABONNEMENTS

ANNONCES

LE PEUPLE SOUVERAIN

PAR

H. DAUMIER

(1872). (Cat. H. D. 3952).

Cette composition, une des dernières exécutées par Daumier, a été fac-similée par Yves et Barret et publiée dans le n° 12 du **Peuple Souverain** (27 mai 1872).

3929. — EN ESPAGNE — CHARITÉ CHRÉTIENNE

(H. 265 millim. ; L. 217)

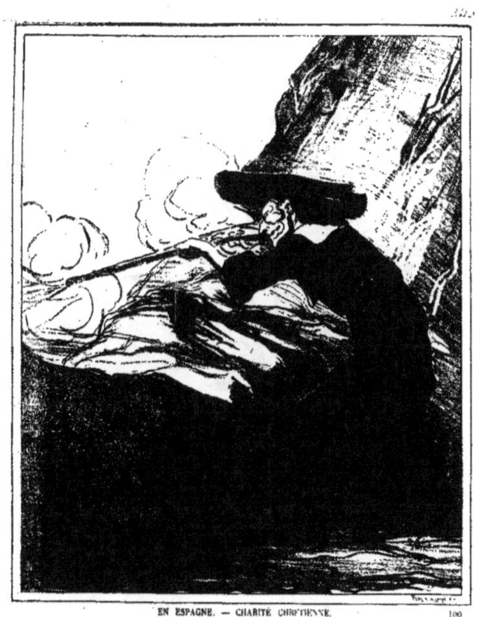

(1872). — 2ᵉ *Etat.* (Cat. H. D. 3402 — 2 états décrits).

1ᵉʳ Etat. Avant la lettre. Fort rare.

2ᵉ — Avec la lettre. **L'État reproduit.** Etat publié dans le **Charivari** (nᵒ du 29 mai 1872).

3930. — LES ÉCURIES D'AUGIAS.

(H. 247 millim. ; L. 213)

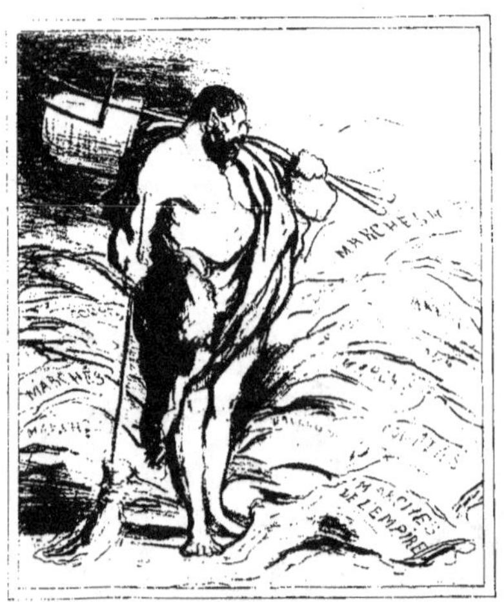

(1872). — *1er Etat.* (Cat. H. D. 3403 — 2 états décrits).

1er Etat. Avant la lettre. Fort rare. **L'Etat reproduit.**

2e — Avec la lettre. Etat publié dans le **Charivari** (no du 3 juin 1872).

3931. — MERCI, MA VIEILLE, TROP DÉCRÉPITE!...

(H. 249 millim. : L. 209)

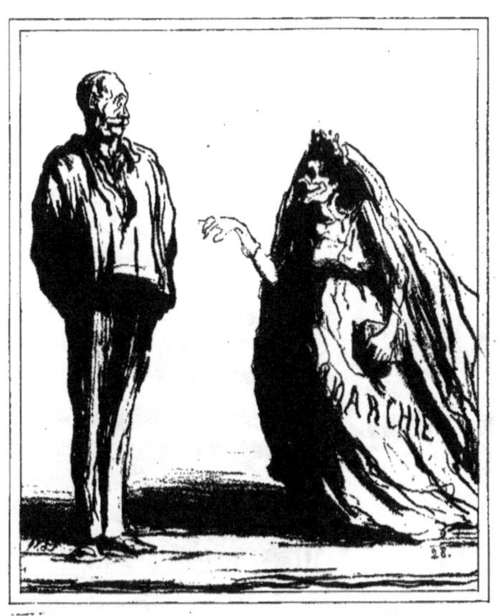

(1872). — *1er Etat.* (Cat. H. D. 3404 — 2 états décrits).

1er Etat. Avant la lettre. Fort rare. **L'Etat reproduit.**

2e — Avec la lettre. Etat publié dans le **Charivari** (no du 8 juin 1872).

VENTE : Ch. Malherbe (1912), 1er état, avec une autre planche, 210 fr.

3932. — NOUVELLE... SONNETTE PROPOSÉE PAR LE CHARIVARI!...

(H. 232 millim; L. 213)

ACTUALITÉS 110

Nouvelle forme de sonnette proposée par le CHARIVARI pour rappeler à l'Assemblée que le territoire est encore à libérer.

(1872). — 2e *Etat*. (Cat. H. D. 3405 — 2 états décrits).

1er Etat. Avant la lettre. Fort rare.

2e — Avec la lettre. **L'Etat reproduit.** Etat publié dans le **Charivari** (no du 13 juin 1872).

3933. — L'ASSEMBLÉE A VERSAILLES EN JANVIER...

(H. 231 millim. ; L. 190

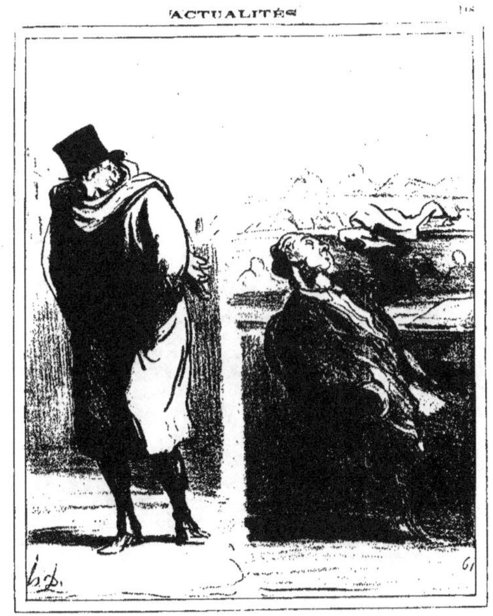

L'ASSEMBLÉE A VERSAILLES.

EN JANVIER. — Canaille d'hiver !... | EN JUIN. — Gredin d'été !...

(1872). — 2ᵉ *Etat*. (Cat. H. D. 3406).

1ᵉʳ Etat. Avant la lettre. Fort rare.

2ᵉ — Avec la lettre. L'Etat reproduit. Etat publié dans le **Charivari** (nᵒ du 22 juin 1872).

3934. — VUE PRISE A DROITE.

(H. 239 millim. ; L. 221)

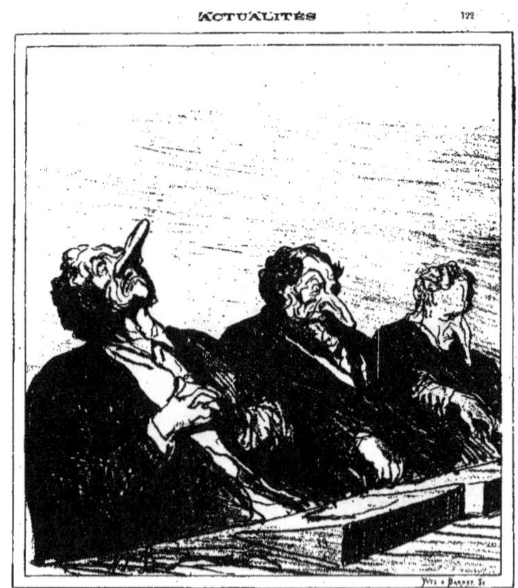

VUE PRISE A DROITE.

(1872) (Cat. H. D. 3407).

Lithographie publiée dans le **Charivari** (n° du 28 juin 1872).

3935. — ET CES DEUX LAIDS DÉBRIS SE DÉSOLAIENT ENTRE EUX

(H. 239 millim.; L. 210)

ACTUALITÉS 126

Et ces deux laids débris se désolaient entre eux

(1872). — 2e *Etat*. (Cat. H. D. 3408 — 2 états décrits).

1er Etat. Avant la lettre. Fort rare.

2e — Avec la lettre. L'État reproduit. Etat publié dans le Charivari (no du 3 juillet 1872)

3936. — LES TÉMOINS

(H. 253 millim.; L. 222)

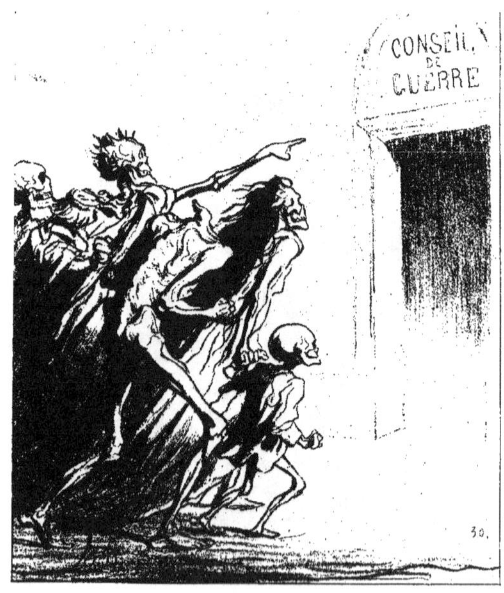

(1872). (Cat. H. D. 3373).

Cette lithographie, destinée aux **Actualités**, n'a pas été publiée : nous n'en connaissons qu'une épreuve, qui après avoir appartenu au peintre-graveur Alphonse Legros et à M. Le Garrec est maintenant au Métropolitan Museum. Une reproduction réduite de cette pièce en a été donnée dans : **H. Daumier, l'Homme et l'Œuvre**, par Arsène Alexandre, puis dans l'**Amateur d'Estampes** 1re année n° 3 (Février 1922) et dans **Clarté** (n° du 20 juillet 1924).

3937. — ET PENDANT CE TEMPS-LA ILS CONTINUENT A AFFIRMER...

(H. 238 millim. ; L. 215)

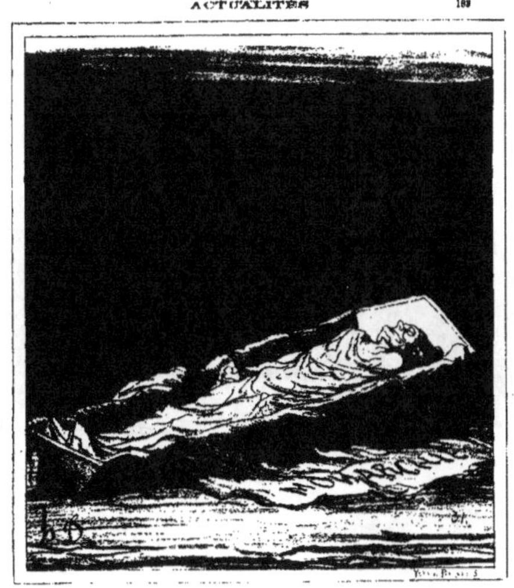

(1872). — 2e *Etat.* (Cat. H. D. 3415 — 2 états décrits).

1er **Etat.** Avant la lettre. Fort rare.

2e — Avec la lettre. **L'Etat reproduit.** Etat publié dans le **Charivari** (n° du 24 septembre 1872).

3938. — ... ET DE SA LÈVRE ROSE...

(L. 243 millim ; H. 161)

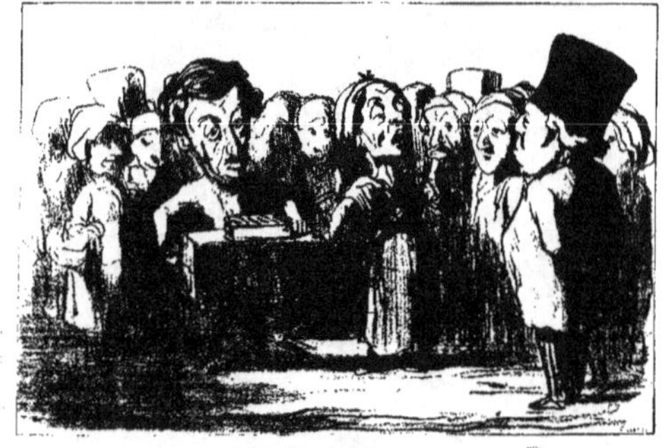

JOURNAL AMUSANT.

CROQUIS PARISIENS, — par H. DAUMIER.

. . . . Et de sa lèvre rose,
S'échappe un nom doux comme un chant d'oiseau.

(1874). — 2e *Etat.*

1er Etat. Avant la lettre. Fort rare.

2e — Avec la lettre. L'Etat reproduit. Etat publié dans le Journal Amusant (année 1874, 21 février, n° 912).

3e — Tirage postérieur sur papier chamois. La lettre est retranscrite et le numéro au B, vers la D., est enlevé

3939. — VIENS-Y DONC, CANAILLE!...

(L. 241 millim., H. 156)

Nº [illegible]. JOURNAL AMUSANT.

CROQUIS PARISIENS, — par H. DAUMIER.

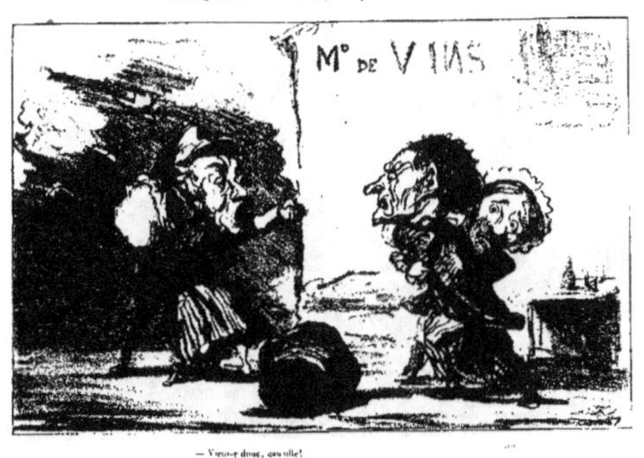

— Viens-y donc, canaille!
— [illegible]
— [illegible]

(1874). — 2ᵉ *Etat.*

1ᵉʳ Etat. Avant la lettre. Fort rare.

2ᵉ — Avec la lettre. **L'Etat reproduit.** Etat publié dans le **Journal Amusant** (nº 923, 8 mars 1874).

3ᵉ — Tirage postérieur sur papier chamois. La légende est retranscrite. Le nº 325.45 est enlevé.

3940. — EN OMNIBUS

(L. 244 millim. ; H. 157

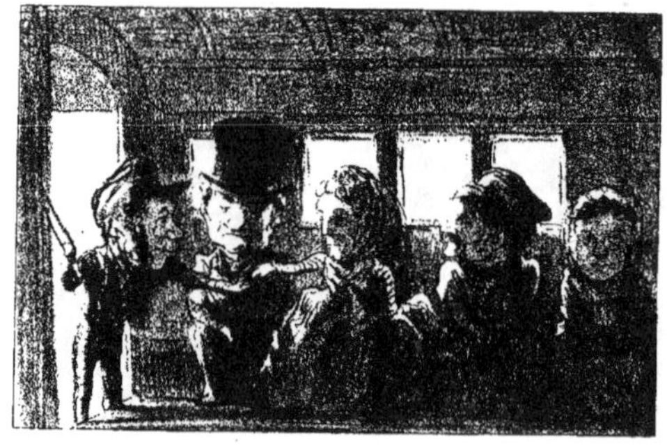

(1874). 1er État.

1er Etat. L'Etat reproduit. État publié dans le **Journal Amusant** (n° 916, 21 Mars 1874).

2e — Tirage postérieur sur papier chamois. La légende est retranscrite. Avec une virgule, entre les mots : *brin* et *l'oiseau*. Le numéro dans le B., vers la D., est enlevé.

3941. — LES VOISINS DE CAMPAGNE

(L. 249 millim. ; H. 163)

N° 934 JOURNAL AMUSANT.

LES VOISINS DE CAMPAGNE, — par H. DAUMIER.

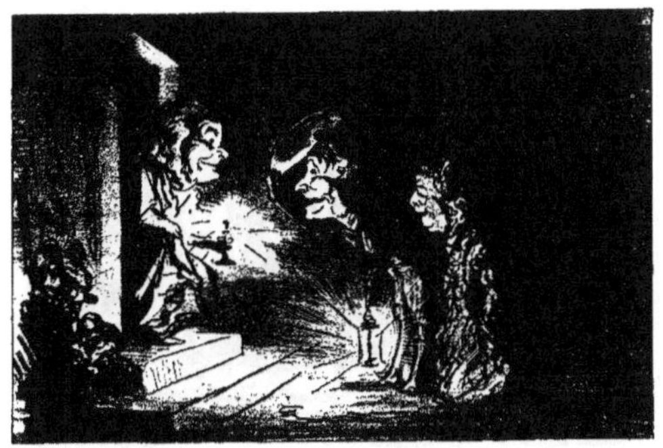

— Ma foi, j'allais me coucher...
— Trop heureux, belle dame, d'assister à ce spectacle.

(1874). — 2° *Etat.*

1er Etat. Avant la lettre. Fort rare.

2e — Avec la lettre. L'Etat reproduit. Etat publié dans le Journal Amusant (année 1874, 25 juillet, n° 934).

3e — Tirage postérieur sur papier chamois. La lettre est retranscrite en caractère différent. Le numéro en marge, vers le B. à D., est enlevé.

3942. — MATOISERIES CHAMPÊTRES

(L. 245 millim. ; H. 158)

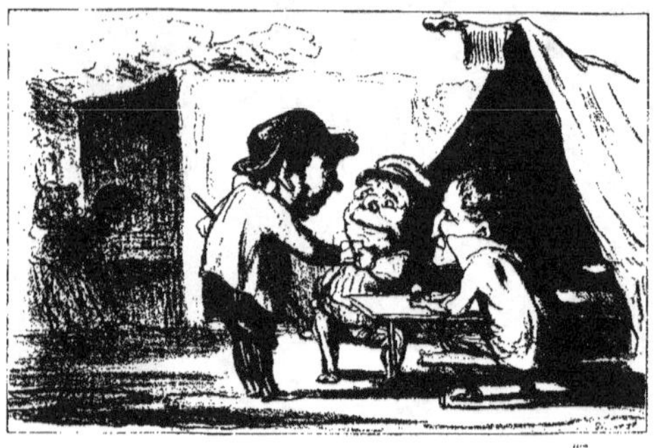

(1874). 2e *Etat.*

1er **Etat.** Avant la lettre. Fort rare.

2e — Avec la lettre. **L'Etat reproduit. Etat publié** dans le **Journal Amusant** (n° 940, 5 septembre 1874)

3e — Tirage postérieur sur papier chamois. La lettre est retranscrite. Dans la dernière ligne de la légende, on lit : *Oui, à La tienne !*, au lieu de : Oui... à la tienne ! Le numéro dans la marge du B. à D. est supprimé.

3943. — LES VOISINS DE CAMPAGNE...

(L. 247 millim. ; H. 149)

CROQUIS PARISIENS. — par H. DAUMIER.

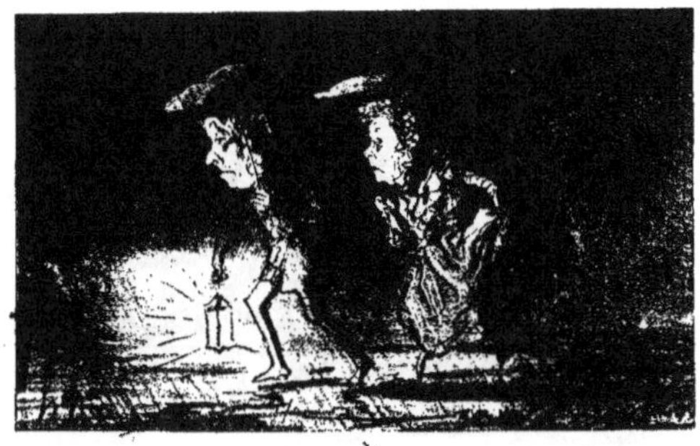

(1874). — 2e *Etat.*

1er **Etat.** Avant la lettre. Fort rare.

2e — Avec la lettre. L'Etat reproduit. Etat publié dans le Journal Amusant (n° 948, 31 octobre 1874).

3e — Tirage postérieur sur papier chamois. La lettre est retranscrite et le n°, au B. vers la D., est enlevé.

———

3944. — AU CIRQUE

(L. 241 millim. ; H. 162)

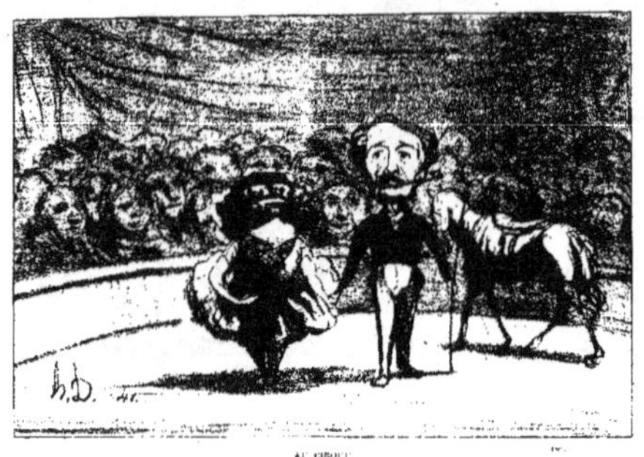
JOURNAL AMUSANT

CROQUIS PARISIENS. — par H. Daumier.

AU CIRQUE.

(1875). — 2e *Etat.*

1er Etat. Avant la lettre. Fort rare.

2e — Avec la lettre. L'Etat reproduit. Etat publié dans le Journal Amusant (année 1875, 16 janvier n° 959).

3945. — UNE FÊTE DE FAMILLE

(L. 245 millim.; H. 169)

CROQUIS PARISIENS, — par H. Daumier.

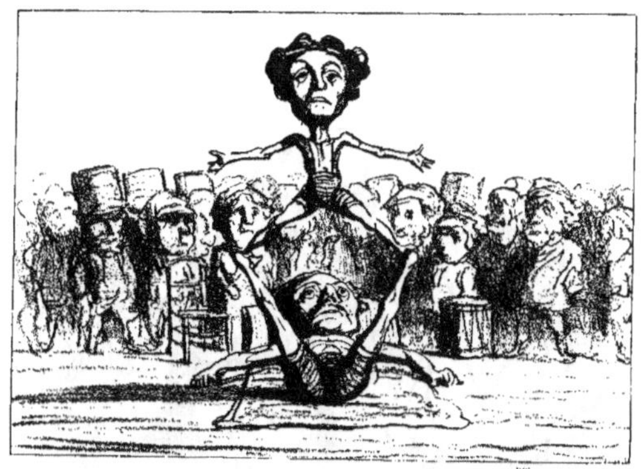

UNE FÊTE DE FAMILLE

(1875). — 2e *Etat.* (Cat. H. D. 3904 -- 2 états décrits).

1er Etat. Avant la lettre. Fort rare.

2e — Avec la lettre. L'Etat reproduit. Etat publié dans le Journal Amusant (n° 1002, 13 novembre 1875)

3e — Publication dans le Petit Journal pour rire, avec le titre de série : FÊTE DE FAMILLE, et comme légende : FRATERNITÉ DU GRAND ÉCART.

4e — Tirage postérieur sur papier chamois. La légende est retranscrite et le n°, dans le B. vers le D., est enlevé.

3946. — LES PÈRES CONSCRITS

(H. 228 millim. ; L. 198)

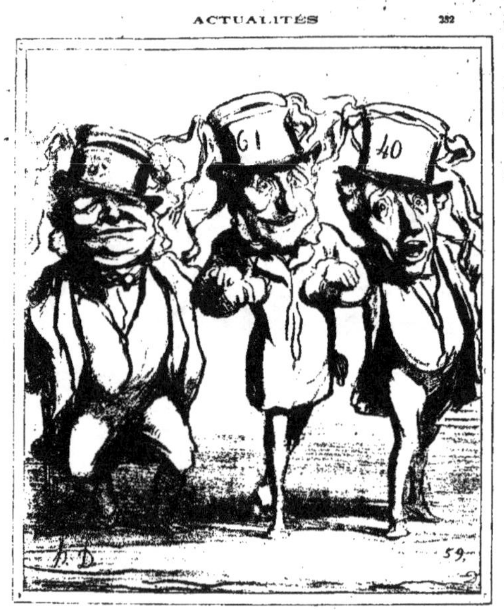

(1875). — 2e *Etat.* (Cat. H. D. 3449).

1er Etat. **Avant la lettre.** Fort **rare.**

2e — Avec la lettre. **L Etat reproduit.** Etat publié dans le **Charivari** (n° du 18 décembre 1875).

3947. — AH! LES BONNES BOULES!

(L. 239 millim.; H. 156)

CROQUIS PARISIENS (dessin inédit), — par H. DAUMIER.

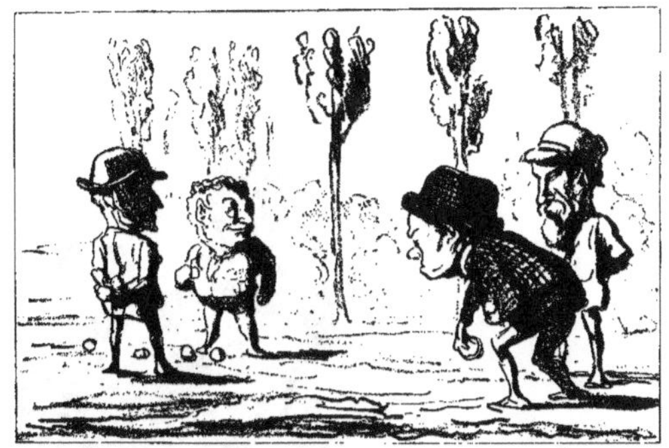

Ah! les bonnes boules!

(1876). — 2e *Etat* (Cat. H. D. 3949).

1er Etat. Avant la lettre. Sur une épreuve de cet état, on lit l'inscription *manuscrite* suivante : *Types qu'on ne retrouvera bientôt plus qu'au musée de paléontologie.*

2e — Avec la lettre. L'Etat reproduit. Etat publié dans le Journal Amusant (no 1055, 18 novembre 1876)

3948. — VOYEZ, MESSIEURS!!! A QUI LE TOUR??

(L. 243 millim. ; H. 179)

JOURNAL AMUSANT.

CROQUIS PARISIENS, — dessin inédit de H. DAUMIER.

(1877). — *1er Etat.*

1er Etat. **L'Etat reproduit.** Etat publié dans le **Journal Amusant** (no 1069, 24 février 1877).

2e — Publication dans le **Petit Journal pour rire.** Le titre : Croquis Parisiens, etc., enlevé et remplacé par le suivant : *L'Arracheur de dents, par Daumier.* De plus, le second filet d'encre à disparu et la légende est retranscrite en caractère différent.

3949. — LES CABOTINS
MON VIEUX TALMA, TU PEUX TE FOUILLER!

(H. 243 millim. ; L. 212)

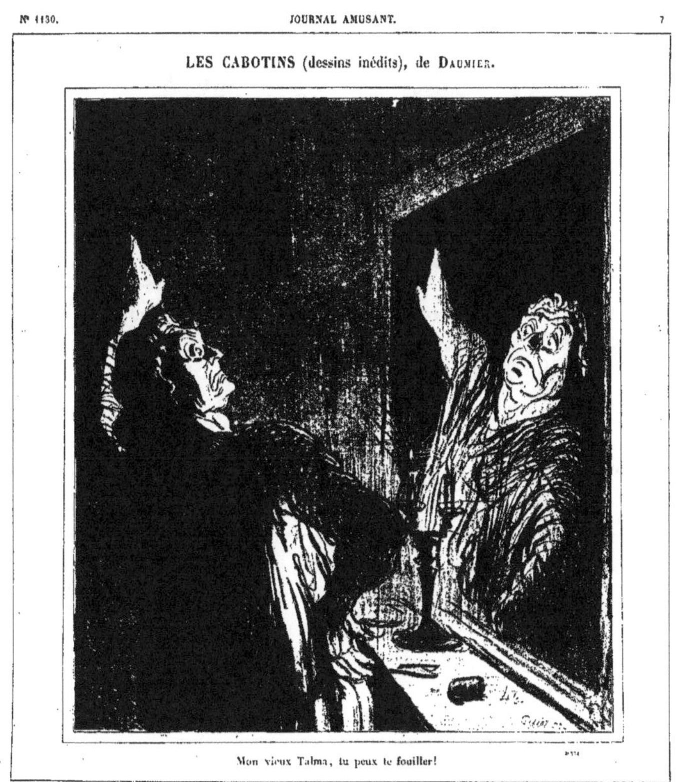

Nº 1130. JOURNAL AMUSANT. 7

LES CABOTINS (dessins inédits), de DAUMIER.

Mon vieux Talma, tu peux te fouiller!

(1878). — 2ᵉ *Etat.* (Cat. H. D. 3864).

1ᵉʳ Etat. Avant la lettre. Fort rare.

2ᵉ — Avec la lettre. L'Etat reproduit. Etat publié dans le **Journal Amusant** (nº du 27 avril 1878).

3950. — EST-CE ASSEZ BEAU, DES HOMMES SOUS LES ARMES

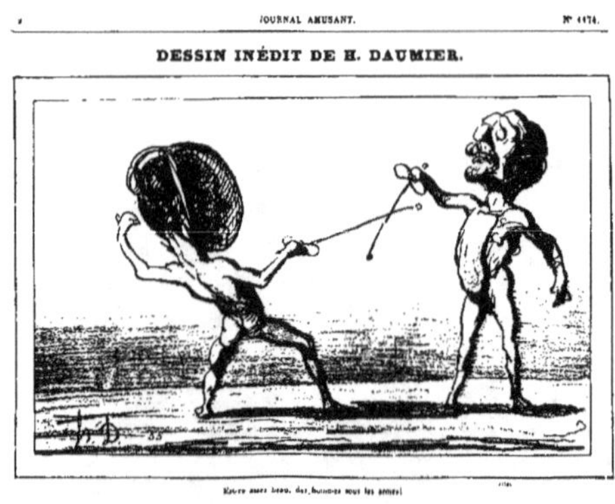

(1879). — 2e *Etat* (Cat. H. D. 3893 — 2 états décrits).

1er Etat Avant la lettre. Fort rare.

2e — Avec la lettre. L'Etat reproduit. Etat publié dans le Journal Amusant (n° du 1er mars 1879).

3951. — NOS SALTIMBANQUES

DESSINS INÉDITS, — par DAUMIER.

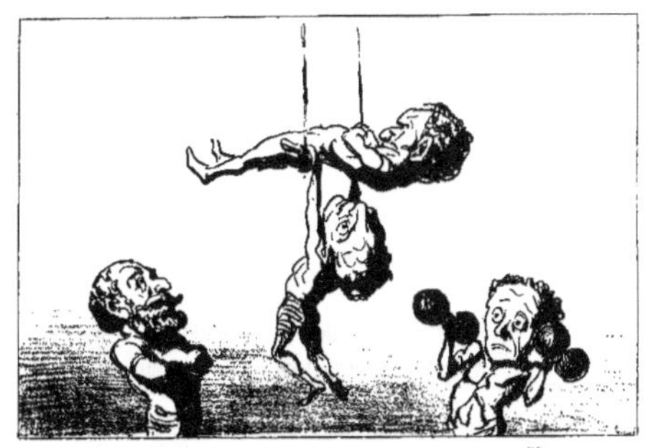

NOS SALTIMBANQUES.

Ou peut-on être mieux qu'au sein de sa famille?

(1880)

Cette composition de Daumier, reproduite par le procédé Gillot, a été publiée dans le **Journal Amusant** (n° 1218, 24 avril 1880).

3952. — L'ÉCUYÈRE

(L. 243 millim. ; H. 178)

N'ayant rencontré aucune épreuve de cette pièce nous en donnons la description :

Une femme couronnée de roses se tient debout sur un cheval courant dans l'arène d'un cirque en présence de nombreux spectateurs ; sur la piste un homme le fouet en main. A droite 42. h. D. Sans aucune lettre.

(Cat. H. D. 3948).

Lithographie destinée au *Journal Amusant*. Elle n'a pas été publiée.

3953. — LES SALTIMBANQUES

(L. 247 millim.: H. 169)

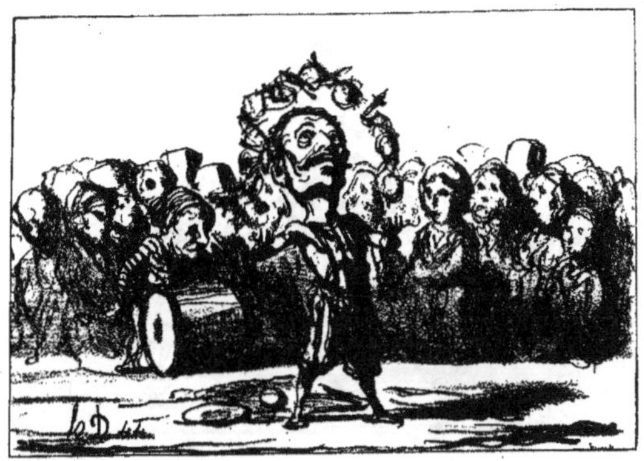

(1880).

Ce Dessin de Daumier, reproduit par le procédé Gillot, a été publié dans le Journal Amusant, (nº 1234, année 1880). On en connait 2 états :

1er Etat. Avant la lettre. Fort rare. L'Etat reproduit.

2e — Avec la lettre.

3954. — SALTIMBANQUES. — AIR DE JOSEPH

(L. 242 millim. ; H. 173)

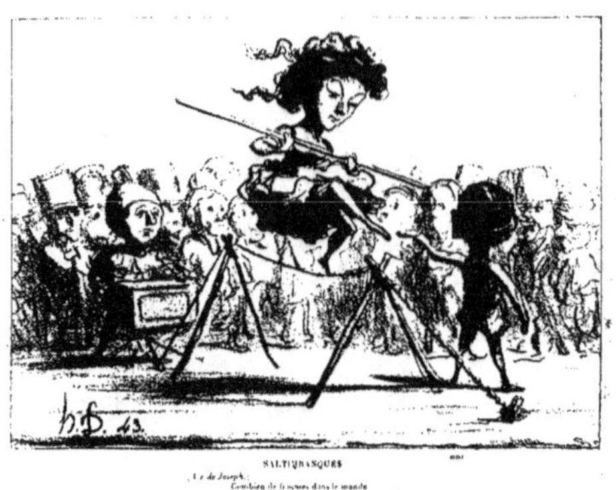

(1880). (Cat. H. D. 3942).

Cette composition de Daumier, reproduite par le procédé Gillot, a été publiée dans le Petit Journal pour rire.

3955. — ESSAI D'EAU FORTE

(L. 225 millim. ; H. 100).

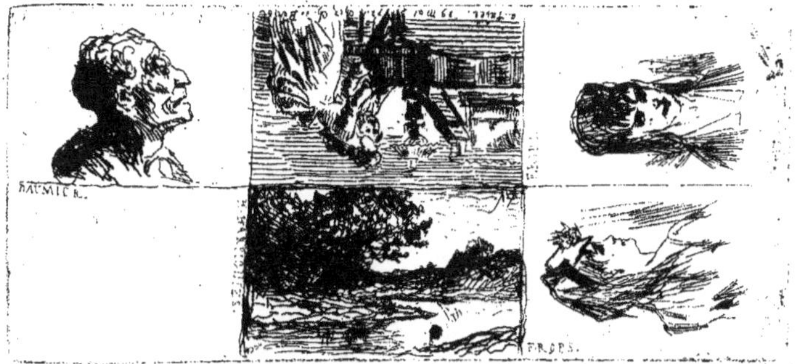

(1872).

Essai d'eau forte qui aurait été exécuté le 29 Mai 1872 chez Charles de Beriot sur une planche où figurent également des croquis de Rops, Harpignies et Taiée.

Cette pièce a paru en hors-texte dans le Catalogue de l'Œuvre lithographié et gravé de H. Daumier par Champfleury.

ADDENDA

Les 5 lithographies dont les reproductions suivent ayant été omises, nous les cataloguons sous des n[os] bis d'après les dates de publication.

3312 bis. – UN NOUVEAU THÉATRE MODÈLE

(H. 236 millim. ; L. 221)

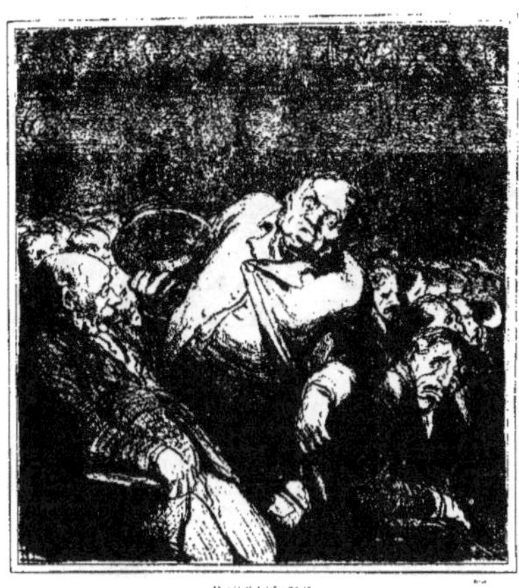

(1864). 2e *Etat.* (Cat. H. D. 3890).

Pièce destinée à la Série : **Croquis pris au Théâtre.**

1er Etat. Avant la lettre. Fort rare.

2e — Avec la lettre. **L'Etat reproduit.** Etat publié dans le **Journal Amusant** (nº du 30 janvier 1864).

3415 bis — PROVINCIAUX BIEN CONVAINCUS QU'ILS...

(L. 247 millim. ; H. 158)

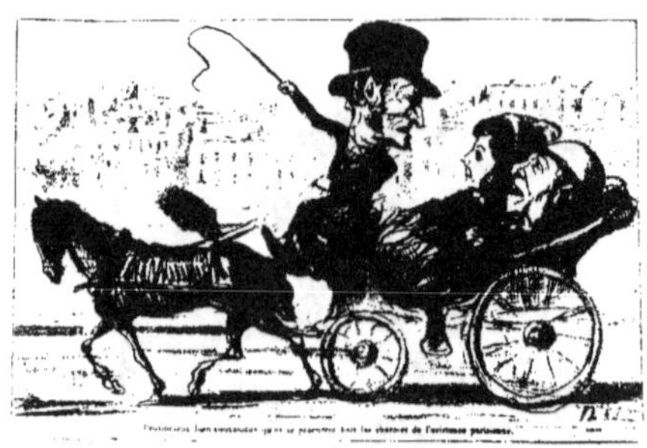

(1865). — 2ᵉ État. (Cat. H. D. 3881).

1ᵉʳ État. Avant la lettre. Fort rare.

2ᵉ — Avec la lettre. **L'Etat reproduit.** État publié dans le **Journal Amusant** (nᵒ du 28 janvier 1865).

3ᵉ — Avec la lettre et le titre **Croquis Parisiens** en haut au milieu. État publié dans **Le Petit Journal pour Rire**.

3937 bis. — ROUHERO-ROUHERINI..

(H. 231 millim. ; L. 190)

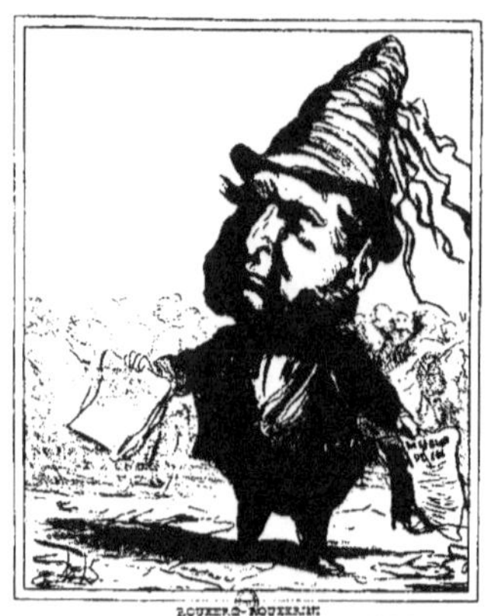

(1872). (Cat. H. D. 3382).

Lithographie fort rare.

1476 bis. — COMMENT TROUVES-TU MON CHALE...

(H. 250 millim. ; L. 213)

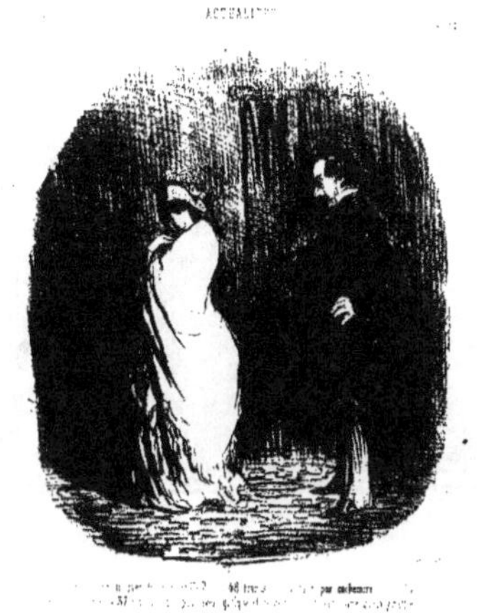

(1846). — 2ᵉ *Etat*. (Cat. H. D. 3530).

Planche 127 de la Série : **Actualités**.

1ᵉʳ Etat. **Avant la lettre.** Fort rare.

2ᵉ — **Avec la lettre. L'Etat reproduit.** Etat publié dans le **Charivari** (nᵒ du 20 octobre 1846).

2737 bis. — ETRENNES DE 1856...

(L. 257 millim. ; H. 201)

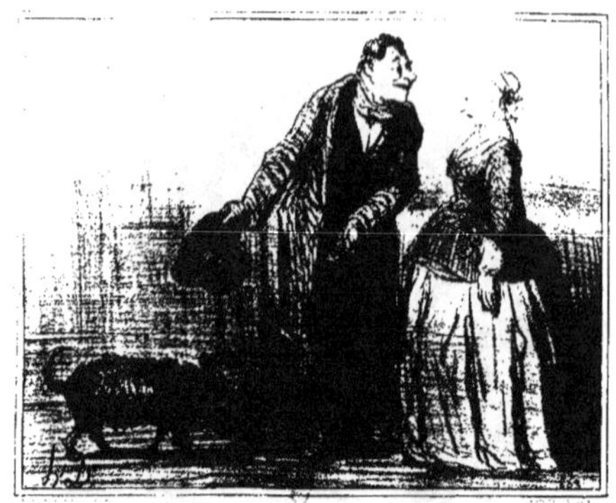

(1856). — 2e *Etat.* (Cat. H. D. 3645).

Planche 257 de la Série : **Actualités.**

1er Etat. Avant la lettre. Fort rare.

2e Avec la lettre. **L'Etat reproduit.** Etat publié dans le **Charivari** (no du 2-3 janvier 1856).

APPENDICE

Planches isolées gravées sur bois (Appendice 1 à 26)

Ces planches sont des compositions de Daumier, gravées sur bois par des graveurs demeurés inconnus, faute de signature, quelquefois publiées à la place d'une lithographie) (**Le Charivari**, février-août 1834).

1. — M. CHEVASSUT, DERNIER ACTIONNAIRE...

(H. 267 millim. ; L. 183)

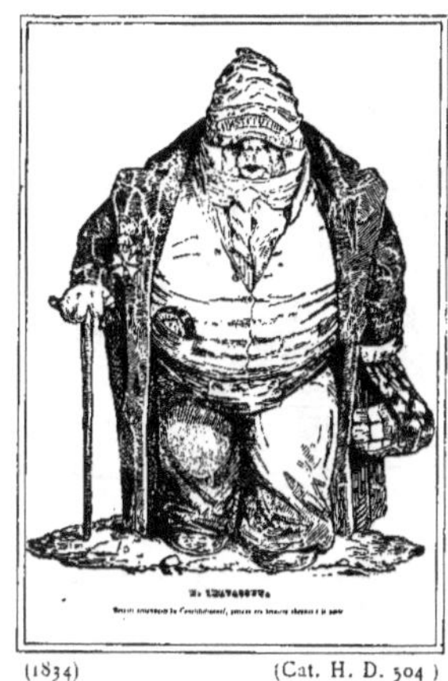

(1834) (Cat. H. D. 504)

Le **Charivari** (n° du 1er février 1834).

2. — LE PERROQUET, ANIMAL BAVARD...

(H. 265 millim. ; L. 182)

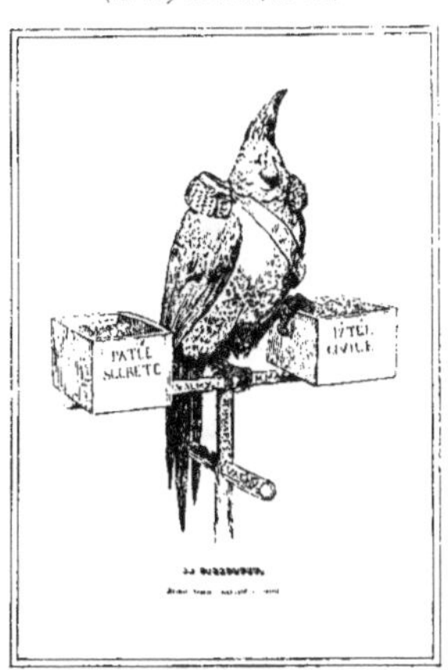

(1834). — 1er *Etat* (Cat. H. D. 505).

1er Etat. Avec la lettre. **L'Etat reproduit.** Etat publié dans le **Charivari** (n° du 8 février 1834).

2e — La légende modifiée : le mot *stupide* ajouté à la fin de la 2e ligne en H. à D. *15*. Publié dans le **Magasin Charivarique**.

---

3. — LES AUGURES DE ROME NE POUVAIENT PAS...

(L. 202 millim. ; H. 183)

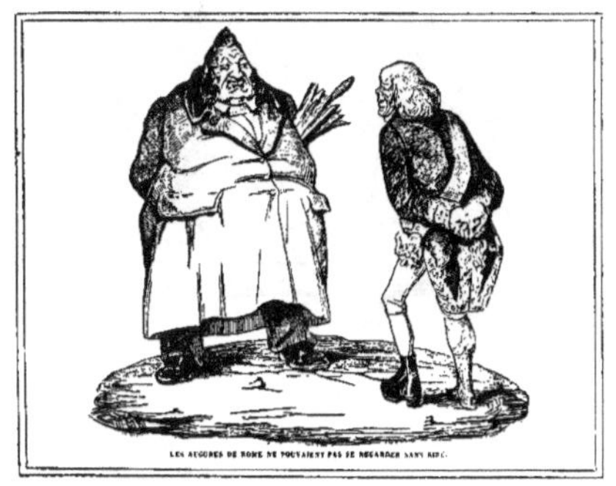

(1834). — *1er Etat.* (Cat. H. D. 506)

1er Etat. Avec la lettre. **L'Etat reproduit.** Etat publié dans le **Charivari** (n° du 3 avril 1834).

2e — Une ligne ajoutée. *Nous connaissons deux farceurs modernes qui sont dans le même cas.* En haut à droite *24*. Publié dans le **Magasin Charivarique**.

4. — PRENDS GARDE MON CHER LA ROCHE TARPÉIENNE...

(L. 238 millim. ; H. 197)

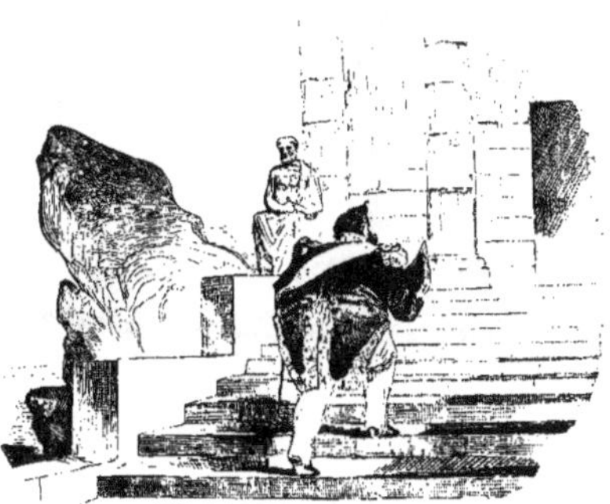

(1834). — *1er Etat.* (Cat. H. D. 507)

1er Etat. Avec la lettre. **L'Etat reproduit.** Etat publié dans le **Charivari** (n° du 7 avril 1834).

2e — Une ligne ajoutée. *Tu peux tomber sans* [illegible]. En [illegible] D. 14. Publié dans le **Magasin Charivarique**.

5. — NÉRON ASSASSINANT SA MÈRE.

(L. 240 millim. ; H. 185)

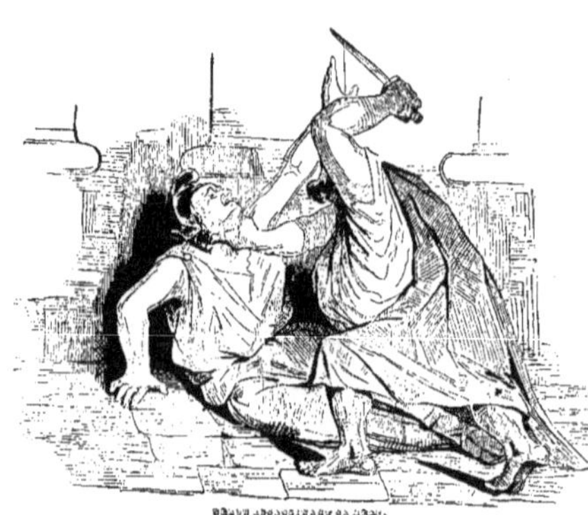

(1834). — *1er Etat.* (Cat. H. D. 508)

1er Etat. Avec la lettre. **L'Etat reproduit.** Etat publié dans le **Charivari** (no du 9 avril 1834).

2 — Un double filet d'encadrement ajouté on lit à b. **h. D.** et à droite 25. Publié dans le **Magasin Charivarique.**

6. — J'AI TROUVÉ MON HOMME.

(L. 238 millim. ; H. 205)

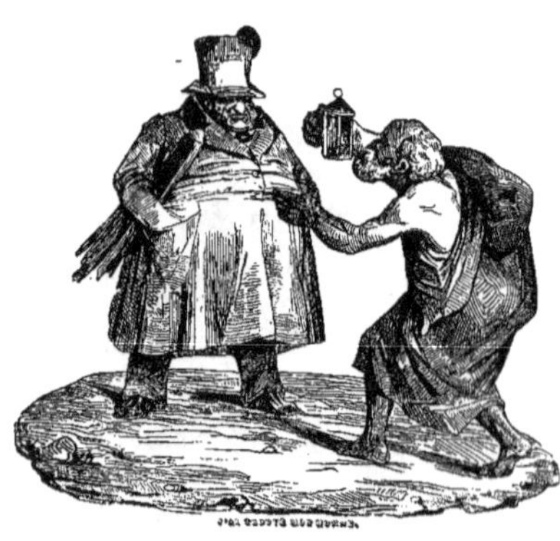

(1834). — *1er Etat.* (Cat. H. D. 509)

1er Etat. Avec la lettre. **L'Etat reproduit.** Etat publié dans le **Charivari** (no du 12 avril 1834).

2e — La légende modifiée se lit le côté gauche du sujet. A l'intérieur du double filet d'encadrement à b. en **H. h. D.** et à Dr. au B. *29*. Publié dans le **Magasin Charivarique.**

---

7. — TOUS LES COUPS PORTENT, MON CHER.

(L. 271 millim. ; H. 192)

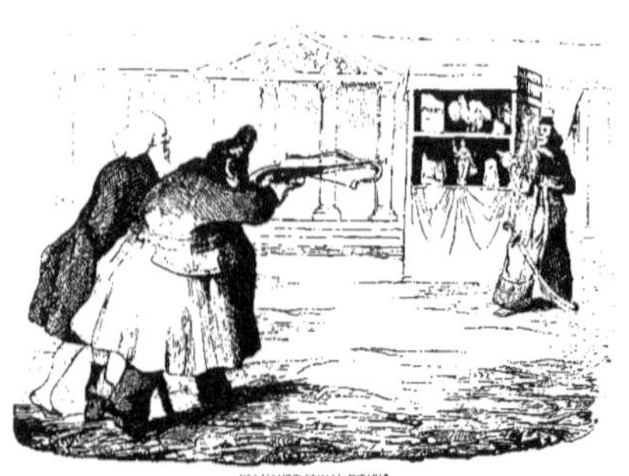

(1834). — *1er Etat.* (Cat. H. D. 510)

1er Etat. Avec la lettre. **L'Etat reproduit.** Etat publié dans le **Charivari** (no du 5 mai 1834).

2e La légende modifiée. A. h. à l'intérieur du double filet d'encadrement **h. D.** et à D. 27. Publié dans le **Magasin Charivarique.**

8. — L'ANE CHARGÉ DE RELIQUES.

(L. 252 millim. ; H. 169)

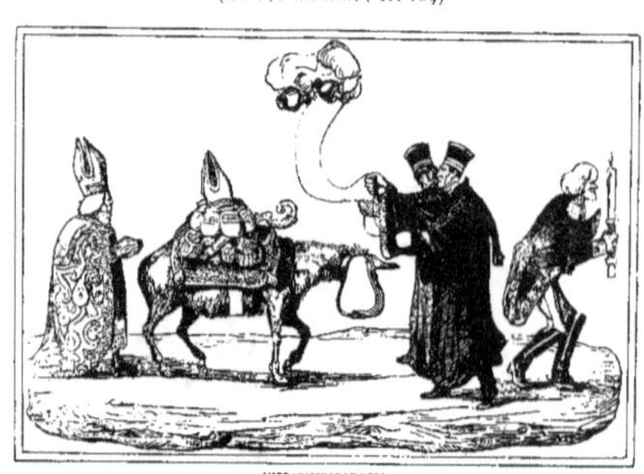

(1834) — *1er Etat.* (Cat. H. D. 511)

1er Etat. Avec la lettre. **L'Etat reproduit.** Etat publié dans le **Charivari** (no du 9 mai 1834).

2e — Avec des additions en caractères typographiques à o. *Daumier*, et le chiffre 20. Le double filet est agrandi. Publié dans le **Magasin Charivarique.**

---

9. — LE DÉPUTÉ VENTRIGOULARD ACHEVANT SES...

(1834). — 2e *Etat.* (Cat. H. D. 512)

1er Etat. Avec la légende. Le député Ventrigoulard achevant ses fonctions législatives et digestives. Etat publié dans le **Charivari** (no du 22 mai 1834).

2e — La légende modifiée. **L'Etat reproduit** publié dans le **Magasin Charivarique.**

10. — CETTE CHAMBRE EST TROP SALE...

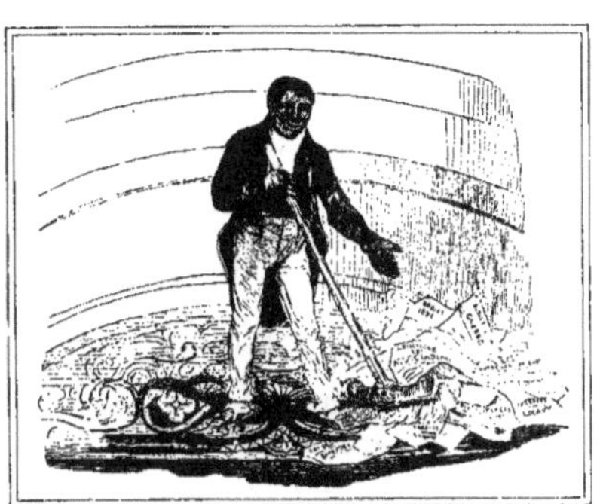

(1834). — 1er *Etat.* (Cat. H. D. 513)

1er Etat. Avec la lettre. **L'Etat reproduit.** Etat publié dans le **Charivari** (no du 24 mai 1834).

2e — La légende modifiée. Le double filet agrandi, le no 9 ajouté à D. Publié dans le **Magasin Charivarique.**

---

11. — EMPOIGNEZ-LES TOUS, MA CHÈRE...

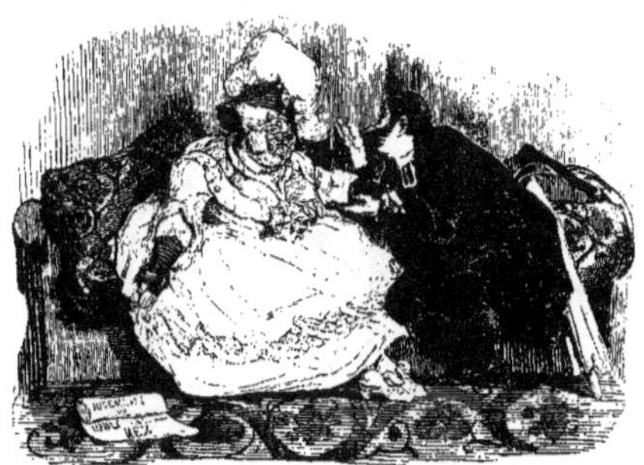

(1834). — 1er *Etat.* (Cat. H. D. 514)

1er Etat. Avec la lettre. **L'Etat reproduit.** Etat publié dans le **Charivari** (no du 4 juin 1834).

2e Avec un double filet d'encadrement, au B. à h. les lettres h. D. et le no 12. Publié dans le **Magasin Charivarique.**

12. — TU ES BIEN GENTIL, MON ANGE...

(L. 241 millim. ; H. 176)

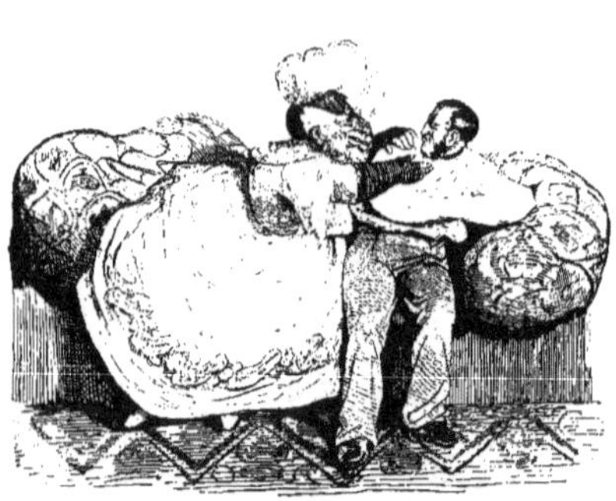

(1834). 1er Etat. (Cat. H. D. 515)

1er Etat. Avec la lettre. L'Etat reproduit. Etat publié dans le Charivari (nº du 7 juin 1834).

2e — Avec un double filet d'encadrement, la légende modifiée. Publié dans le Magasin Charivarique.

13. — POUR LES PAUVRES PETITS SERGENS DE VILLE...

(H. 237 millim. ; L. 190)

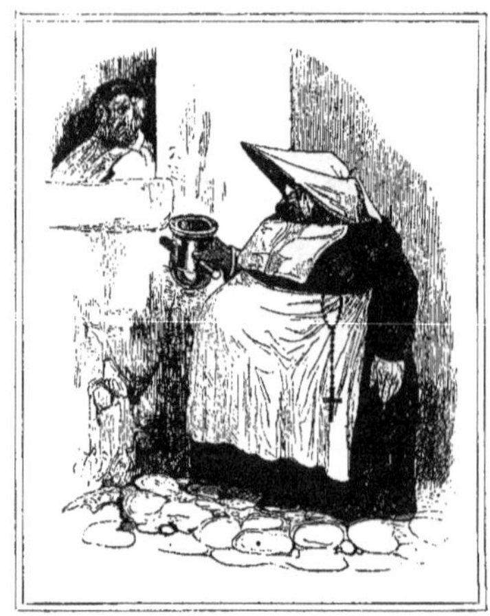

(1834). — 1er Etat. (Cat. H. D. 516)

1er Etat. Avec la lettre. L'Etat reproduit. Etat publié dans le Charivari (nº du 12 juin 1834).

2e — On lit en H à D. 37. Publié dans le Magasin Charivarique.

14. — LE GRAS ET GROS CONSTITUTIONNEL VICTIMÉ...

(L. 237 millim. ; H. 190)

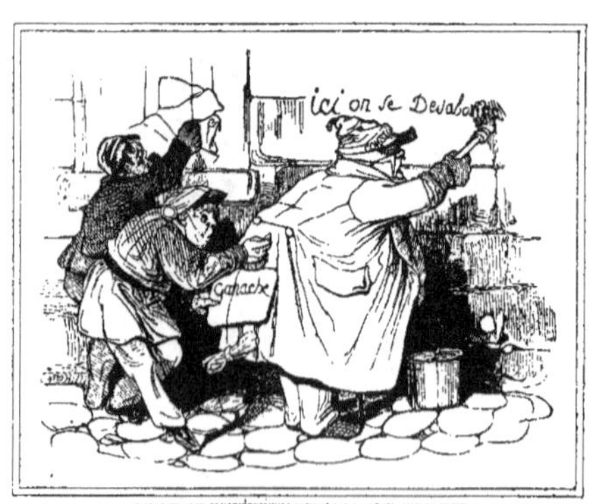

(1834). 1er Etat. (Cat. H. D. 517)

1er Etat. Avec la lettre. L'Etat reproduit. Etat publié dans le Charivari (nº du 14 juin 1834).

2e — Le double filet d'encadrement est agrandi, on lit à *G. Daumier* et à D. 16. La légende est écrite en caractère différent. Publié dans le Magasin Charivarique.

15. — COURAGE HÉROIQUE DE DON CARLOS ET DE DON MIGUEL.

(L. 257 millim. ; H. 183)

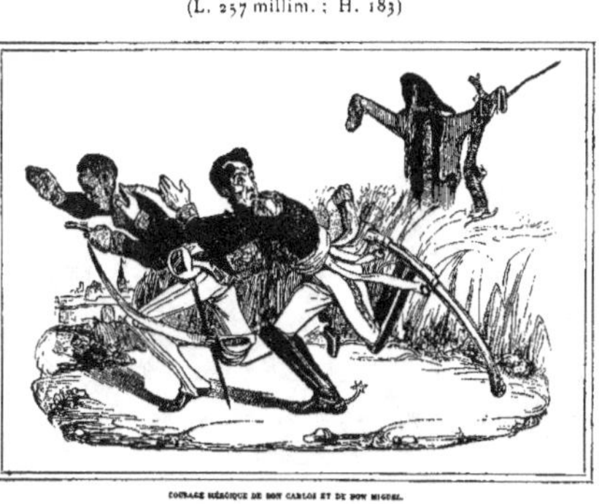

(1834). — *1er Etat.* (Cat. H. D. 518. — 2 états décrits)

1er Etat. Avec la lettre. L'Etat reproduit. Etat publié dans le **Charivari** (n° du 18 juin 1834).

2e — La légende est modifiée : *Don Carlos et don Miguel donnant une dernière preuve de leur courage héroïque.* Publié dans le **Magasin Charivarique**.

16. — MADEMOISELLE LÉGISLATURE VENANT REMERCIER...

(L. 237 millim. ; H. 184)

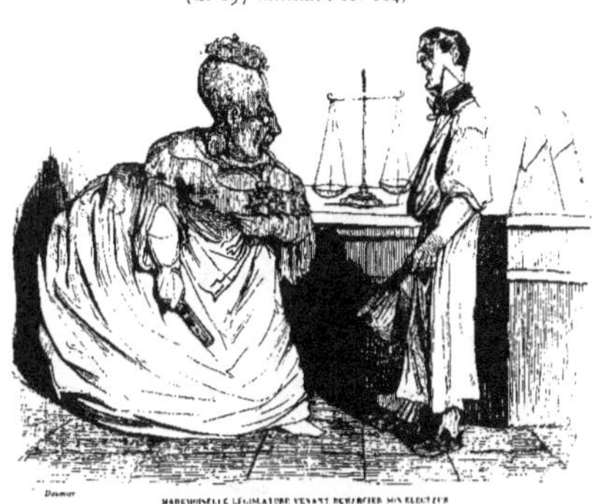

(1834) (Cat. H. D. 519)

Le **Charivari** (n° du 26 juin 1834).

---

17. — LA CONSIGNE.

(L. 236 mill. ; H. 195)

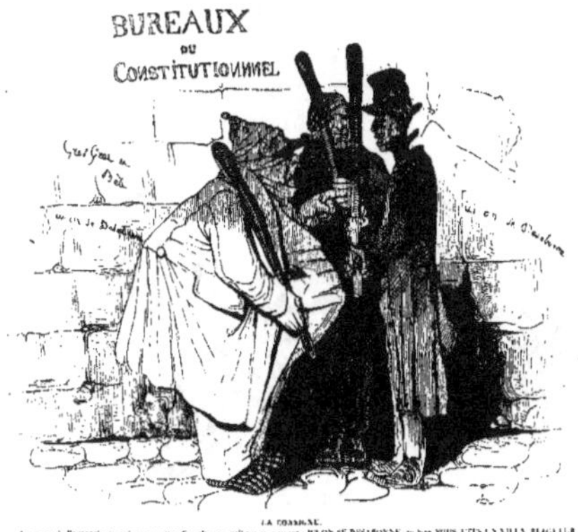

(1834). — 2e *Etat.* (Cat. H. D. 520)

1er Etat. Avant la lettre. Fort rare.

2e — Avec la lettre. L'Etat reproduit. Etat publié dans le **Charivari** (n° du 30 juin 1834).

18. — MADEMOISELLE MONARCHIE.

(L. 212 millim. ; H. 180)

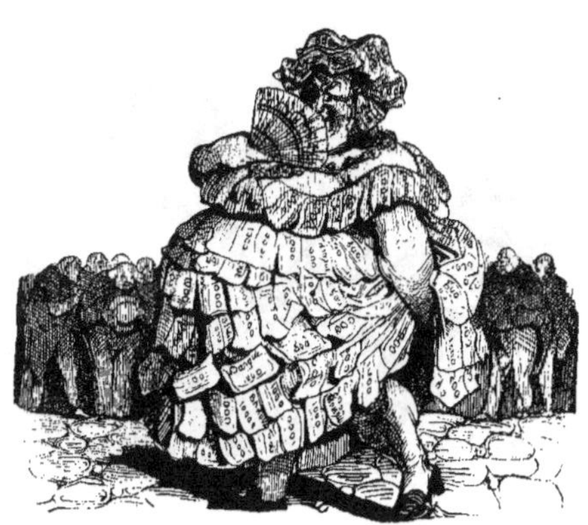

(1834) (Cat. H. D. 521)

Le **Charivari** (n° du 3 juillet 1834)

---

19 — NOUS APPELONS ÇA UNE BADINE...

(L. 222 millim. ; H. 190)

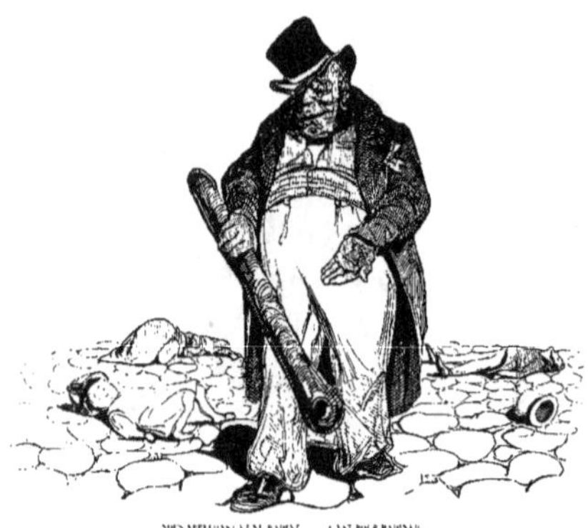

(1834) (Cat. H. D. 522)

20. — 93! 93! C'EST L'ÉPOUVENTAIL DU JOBARD...

(L. 260 millim. ; H. 174)

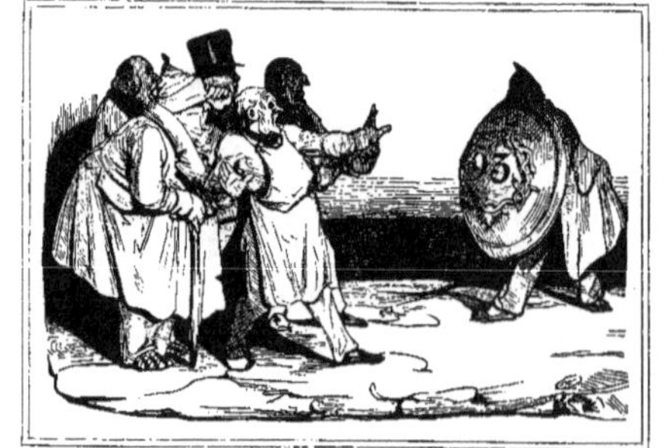

(1834). (Cat. H. D. 523)

---

21. — UN CAUCHEMAR.

(L. 245 millim. ; H. 188)

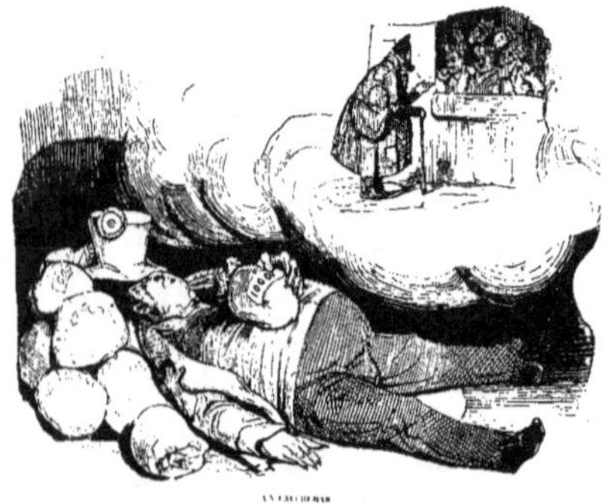

(1834). (Cat. H. D. 524)

22. — ROIS DE L'EUROPE, TENEZ-VOUS BIEN...

(L. 246 millim.; H. 133)

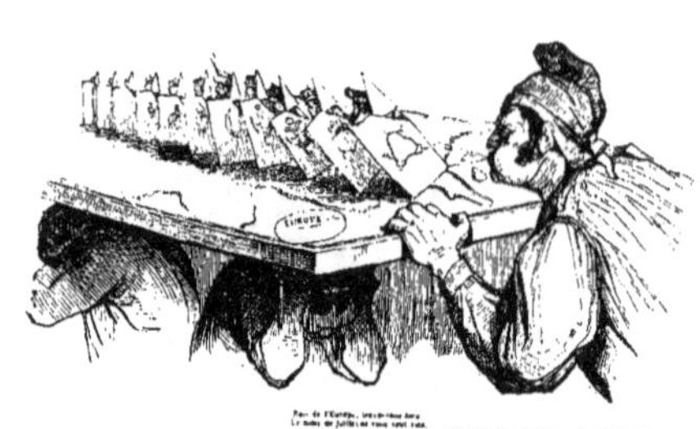

(1834). (Cat. H. D. 525)

Le Charivari (n[os] des 5, 7, 14 et 15 juillet 1834).

---

23. — MACHINE LÉGISLATIFÈRE
DE LA MONARCHIE...

(L. 239 millim. ; H. 161)

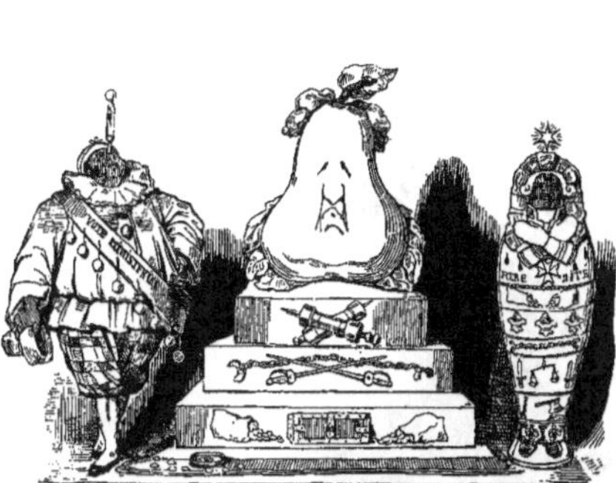

(1834). (Cat. H D. 526)

24. — LE SYSTÈME AVEUGLE
ET LA DIPLOMATIE PARALYTIQUE

(L. 210 millim. ; H. 189)

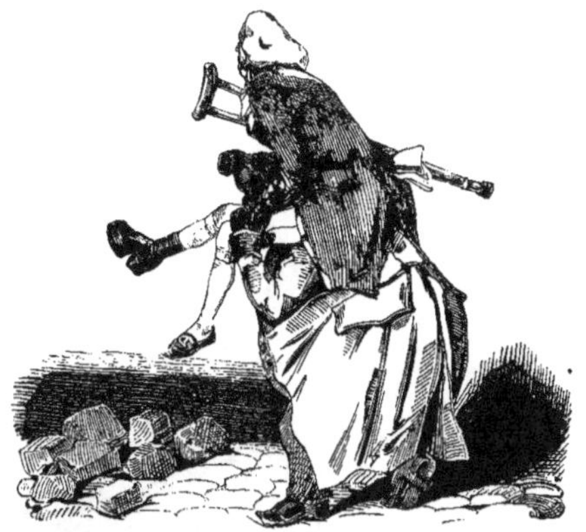

(1834). (Cat. H. D. 527)

---

25. — FRAPPEZ! FRAPPEZ! LA BONDE!..

(L. 258 millim. ; H. 185)

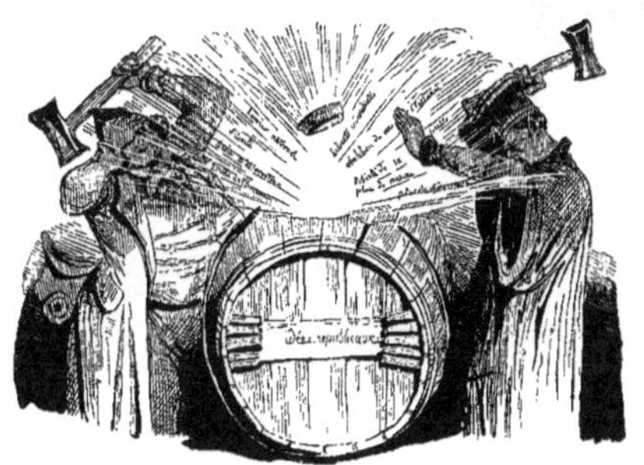

(1834). (Cat. H. D. 528)

26. — L'EUROPE PEUT DORMIR TRANQUILLE...

(H. 242 millim. ; H. 188)

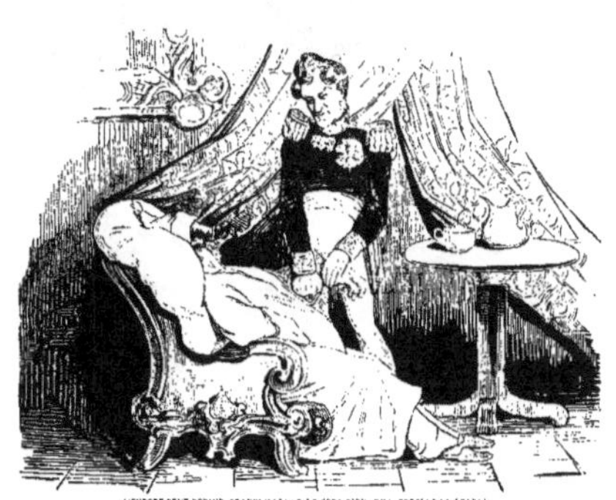

(1834). (Cat. H. D. 529)

Le Charivari (nᵒ des 21, 22 juillet, 4 et 13 août 1834).

27. — ENTREPOT D'IVRY

(H. 468 millim. ; L. 390)

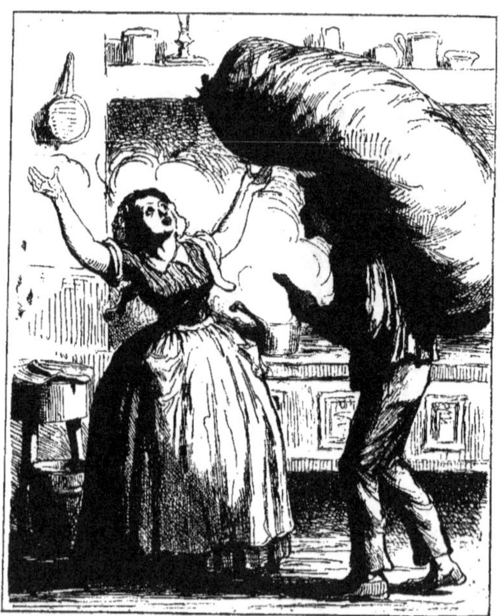

(1850).

Affiche exécutée pour Le Charbon d'Ivry. Collection de M. Le Garrec.

28. — JE DÉPOSE CELA DANS VOS CONSCIENCES.

(L. 299 millim.; H. 182)

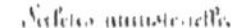

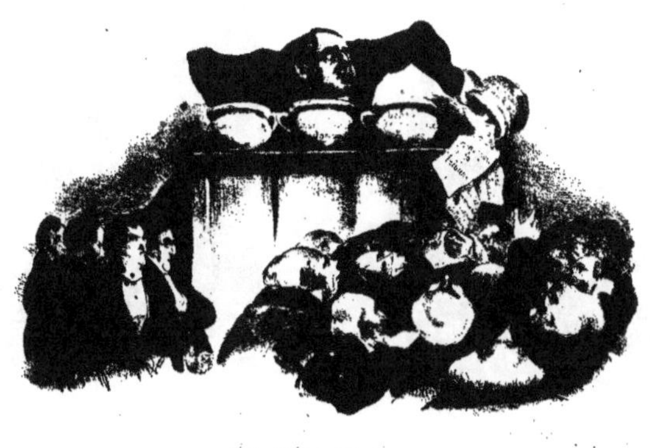

(1831). (Cat. H. D. 222).

Lithographie. Cabinet des Estampes, Paris, MM. Marillier, H. Prud'homme.

VENTE : Ch. Malherbe (1912), 2 épreuves avec une autre pièce, 30 fr.

L'IMAGINATION

Suite de 15 lithographies en hauteur, composées par Daumier au cours de sa détention à Ste Pélagie, *lithographiées* par Charles Ramelet. Elles ont été publiées dans le **Charivari**, de janvier à août 1833.

29. — MON DÉFUNT ME DONNE...

(H. 240 millim. ; L. 200)

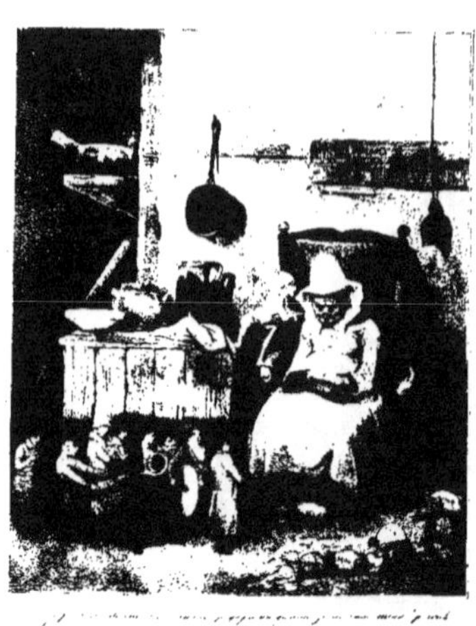

(1833). — 2ᵉ *Etat.* (Cat. H. D. 1978)

30. — DES POUCHINELS... DES DADAS...

(H. 243 millim. ; L. 200)

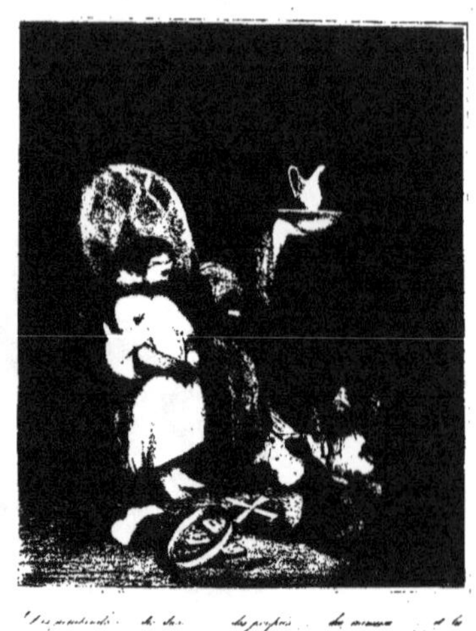

(1833). — 2ᵉ *Etat.* (Cat. H. D. 1979)

31. — ALORS, JE SERAI RICHE.

(H. 243 millim. ; L. 200)

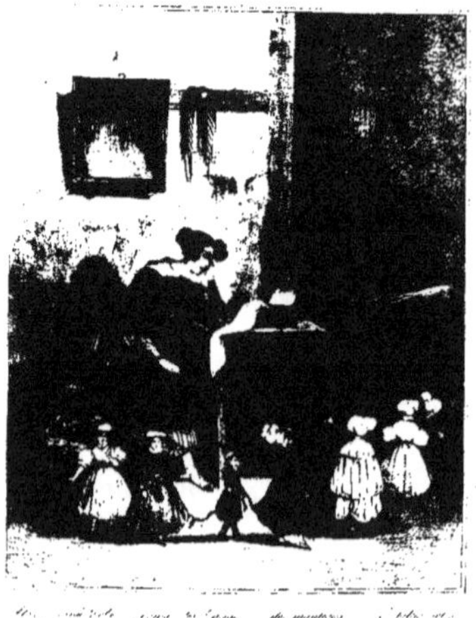

(1833). — 2ᵉ *Etat.* (Cat. H. 1980)

32. — LA MÈRE BRIDON VA-T-EN ENFER...

(H. 246 millim. ; L. 200)

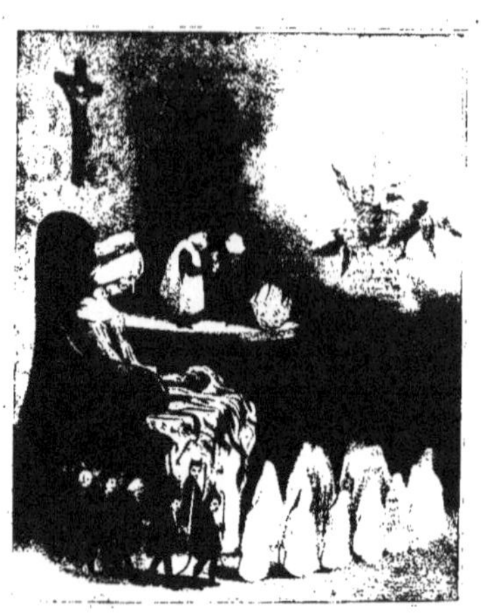

(1833). — 2ᵉ *Etat.* (Cat. H. D. 1981)

On connaît 2 états de chacune de ces planches :

1ᵉʳ Etat. Avant la lettre. Fort rare.

2ᵉ Avec la lettre. **L'Etat reproduit.** Etat publié dans **le Charivari** (nᵒˢ des 14, 27, 30 janvier et 3 février 1833).

33. — MISANTHROPIE, SI JE M'EMPOISONNAIS?

(H. 240 millim. ; L. 199)

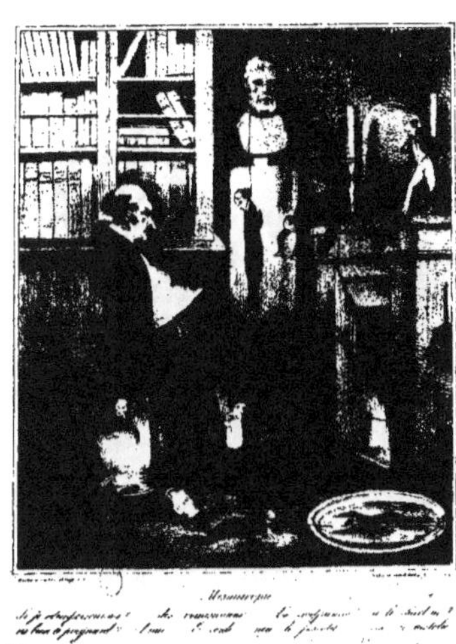

(1833). — 2e *Etat.* (Cat. . . H. 1982)

34. — LA COLIQUE.

(H. 238 millim. ; L. 200)

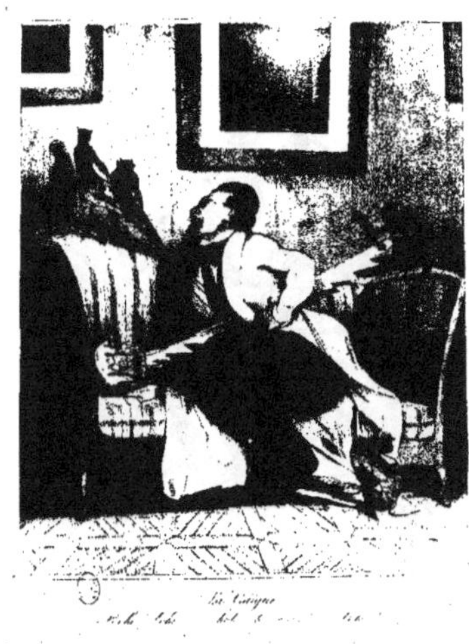

(1833). — 2e *Etat.* (Cat. H. D. 1983)

35. — LE CURÉ.

(H. 246 millim.; L. 194)

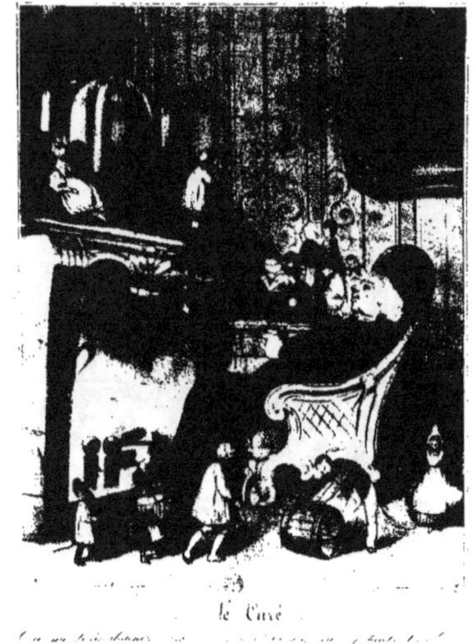

(1833). — 2e *Etat.* (Cat. H. D. 1984)

36. — L'AVARE

(H. 228 millim. ; L. 187)

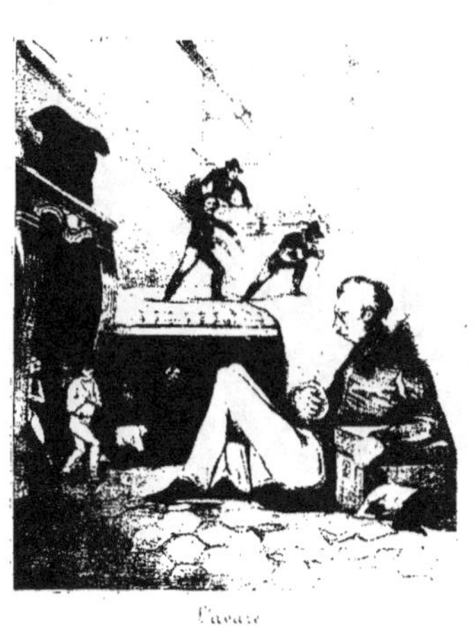

(1833). (Cat. H. D. 1985)

On connaît 2 états de chacune de ces planches :

1er Etat. Avant la lettre. Fort rare.

2e — Avec la lettre. L'Etat reproduit. Etat publié dans le Charivari (nos des 10, 19 février, 9 août et 18 juin 1833).

37. — LE MAL DE TÊTE.

(H. 235 millim. ; L. 195)

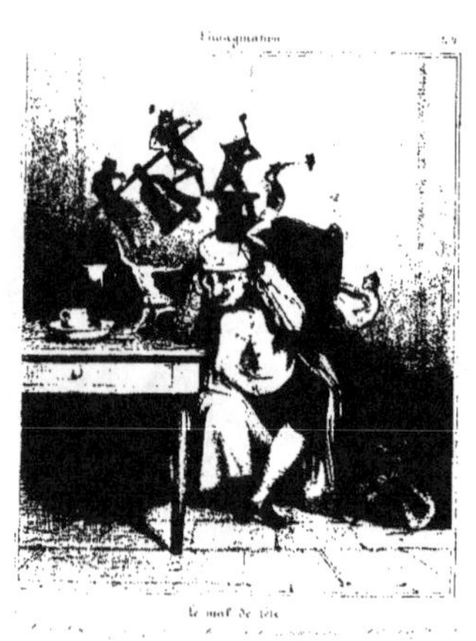

(1833). — 2ᵉ *État.* (Cat. H. D. 1986)

38. — LE MALADE IMAGINAIRE

(H. 240 millim. ; L. 190)

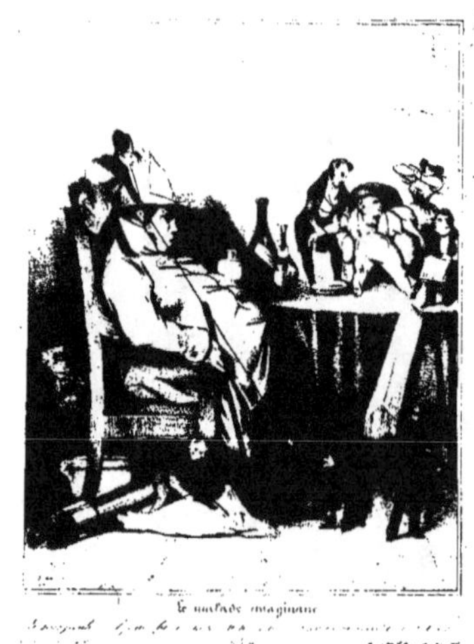

(1833). — 2ᵉ *État.* (Cat. H. D. 1987

39. — LE DÉPUTÉ VENTRIGOULU.

(H. 238 millim. ; L. 190)

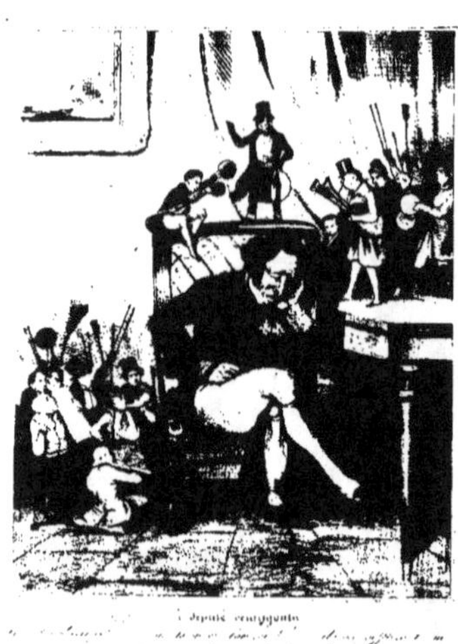

(1833). — 2ᵉ *État.* (Cat. H. D. 1988)

40. — LE ROMAN.

(H. 234 millim. ; L. 182)

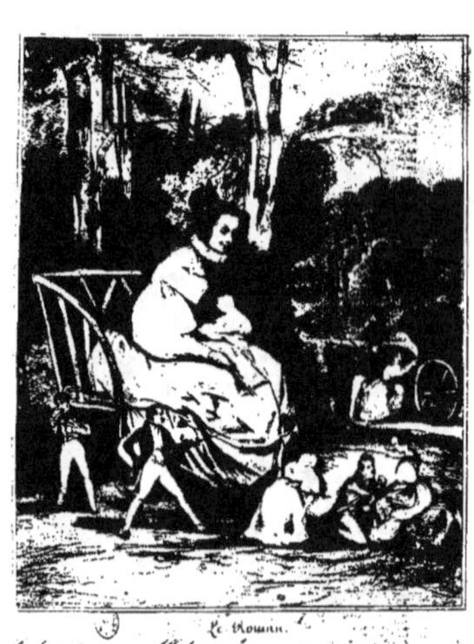

1833). — 2ᵉ *État.* (Cat. H. D. 1989)

On connaît 2 états de chacune de ces planches :

1ᵉʳ État. Avant la lettre. Fort rare.

2ᵉ — Avec la lettre. **L'État reproduit.** État publié dans **le Charivari** (nᵒˢ des 23 avril, 21 mai; 16 avril et 12 juin 1833).

41. — LE PRÉDICATEUR.

(H. 240 millim. ; L. 192)

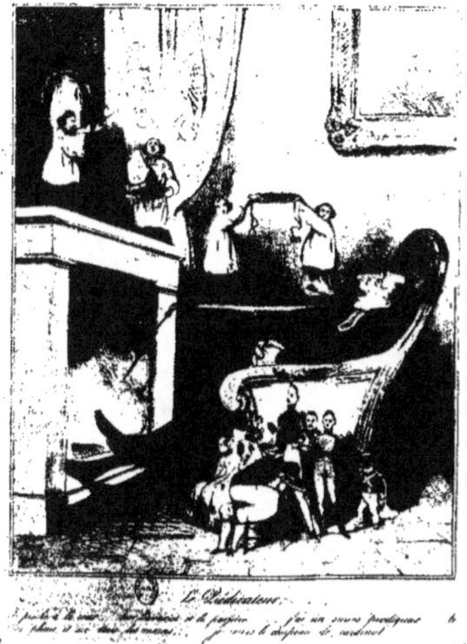

(1833). — 2ᵉ *Etat.* (Cat. H. D. 1990)

42. — LE VIEUX GARÇON.

(H. 248 millim. ; L. 190)

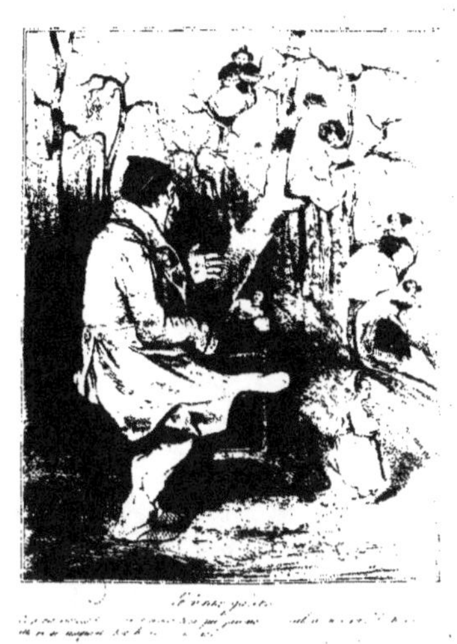

(1833). — 2ᵉ *Etat.* (Cat. H. D. 1991)

43. — LE MÉDECIN.

(H. 249 millim. ; L. 199)

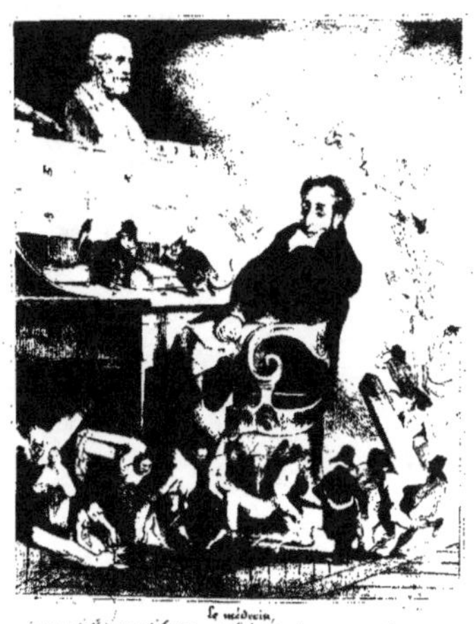

(1833). — 2ᵉ *Etat.* (Cat. H. D. 1992)

On connaît 2 états de chacune de ces planches :

1ᵉʳ Etat. Avant la lettre. Fort rare.

2ᵉ — Avec la lettre. L'État reproduit. Etat publié dans le Charivari (nᵒˢ dès 8 août, 19 octobre et 19 août 1833).

FRAZIER-SOYE

Graveur-Imprimeur

168, Boulevard du Montparnasse

PARIS

www.ingramcontent.com/pod-product-compliance
Lightning Source LLC
LaVergne TN
LVHW020546230826
846091LV00002B/401

* 9 7 8 2 3 2 9 5 5 7 3 4 2 *